MW01171763

HECHOS
Una Perspectiva Pneumatológica

Vol. 5 No. 2 Junio 2023

CPT PRESS
Cleveland, Tennessee USA

HECHOS: Una Perspectiva Pneumatológica

Vol. 5 No. 2 Junio 2023

Print version published by CPT Press
900 Walker ST NE
Cleveland, TN 37311
USA
email: cptpress@pentecostaltheology.org
website: www.cptpress.com

ISBN: 978-1-953358-35-6

Editores
Miguel Álvarez
Geir Lie

Editor de reseñas de libros
Daniel Orlando Álvarez

Correo
bolhechos@gmail.com

ISSN
2535-6410

CONTENIDO

CINCO AÑOS: DIEZ VOLÚMENES

Este es el décimo volumen producido por el equipo editorial del Boletín *HECHOS*. Ha sido un esfuerzo conjunto de cuatro colegas, que han expresado de esta manera, su deseo de contribuir con la formación teológica de la comunidad latinoamericana. Una palabra de gratitud a Geir Lie, un teólogo noruego cuya pasión por la evangelización lo ha motivado a servir al pueblo latino de este modo. A Daniel Álvarez, quien ha contribuido decididamente con el avance de *HECHOS* desde su posición académica en el Seminario Teológico Pentecostal de Cleveland, Tennessee. Su contribución como escritor y como parte del equipo editorial ha sido excelente. Otra palabra de gratitud va para Lee Roy Martin, quien desde su oficina en el Centro de Estudios Pentecostales ha hecho posible que CPT Press publique esta literatura.

El Boletín *HECHOS* también ha hecho posible la publicación de volúmenes importantes como parte de sus suplementos académicos. De esa manera los autores latinos pueden encontrar una fuente de publicación seria que dará a conocer sus ideas rápida y eficientemente en el contexto donde ministran. Estamos conscientes de que este es un intento literario nuevo en esta comunidad pentecostal y que, por tal razón, enfrentamos algunas limitaciones en el proceso, pero confiamos en la buena fe de nuestro pueblo y en su voluntad de apoyar este esfuerzo.

En *HECHOS* tratamos de mantener el nivel académico ideal para que nuestros lectores puedan utilizar nuestros volúmenes como fuentes de información válidas para su desarrollo académico y apropiados para enriquecer la predicación y la enseñanza. Nuestros editores se esfuerzan por ofrecer una literatura que genere interés por el estudio tanto de las Sagradas Escrituras como de la teología misma.

En este volumen, el lector notará la inclusión de escritores que han crecido dentro del mundo pentecostal latinoamericano, cuyas ideas refrescarán algunos conceptos y provocarán la revisión de otros que por alguna razón todavía no habían sido estudiados de la manera que estos lo plantean. Sus comentarios y aportaciones serán siempre bienvenidos en *HECHOS*.

En el amor de Cristo Jesús,
Miguel Álvarez

Construcción de una eclesiología apologética consciente y preparada ante la enseñanza de la prosperidad

FRANCISCO A. NOYOLA MEZA

Introducción

No hace muchos días dialogaba con mi esposa respecto a los cambios culturales que han surgido a lo largo de la historia de la humanidad, desde la época Primitiva, la Medieval, el Renacimiento, la Modernidad hasta los tiempos contemporáneos. Ambos llegamos a la conclusión de que si bien la ciencia y la tecnología han avanzado, por ejemplo, la industrialización y la internet han revolucionado el mundo, no obstante, el *homo sapiens* es, en esencia, el mismo. Negativamente hablando, el ser humano siempre ha sido egoísta, avaro, orgulloso e idólatra. Pero, por el lado positivo, también ha sido de buenos sentimientos, valores altruistas, intenciones sanas y ha manifestado un insaciable sentido de búsqueda espiritual.

Desde que la Iglesia de Jesucristo nació en Pentecostés, el ambiente político, económico, socio-cultural y religioso imperante no difiere mucho de lo que hoy se vive en nuestros pueblos y ciudades. Por ejemplo, los retos de carácter ideológicos son, básicamente, los mismos de los primeros siglos. Hoy todavía se puede observar el politeísmo, misticismo, hedonismo, sincretismo, opresión y esclavitud, desigualdad, cosificación, deshumanización, y un largo etcétera.

Mi propuesta a través de este trabajo de investigación es construir una eclesiología desde el punto de vista neotestamentario sobre la base de la apología donde la iglesia esté consciente y preparada teológicamente para contrarrestar una de las doctrinas más perjudiciales de la iglesia actual: el evangelio de la prosperidad. Por supuesto, existen otras herejías que circulan en el medio evangélico y pentecostal, pero en este artículo, quiero focalizarme en este tema de cáncer doctrinal.

Antes, veamos el marco histórico y político del pueblo cristiano en la iglesia primitiva. Era un ambiente hostil a todos aquellos que no comulgaban con las creencias grecorromanas y, por lo mismo, desató una horrenda persecución sobre los seguidores de Jesús. Además, había un marcado sincretismo entre las religiones imperantes que afectaba a las enseñanzas de los Apóstoles.

Seguidamente echaremos un vistazo a la ciudad de Éfeso, su importancia y contexto donde se origina la iglesia que pastoreaba el joven Timoteo. Luego haremos una exégesis de 1ª de Timoteo 3:15, donde el énfasis está en la iglesia del Dios viviente como columna y baluarte de la verdad. Ese papel es trascendental para identificar a la iglesia como el Cuerpo de Cristo.

Este estudio nos permitirá analizar a la iglesia actual y sus desafíos apologéticos. Haremos un diagnóstico de las corrientes heréticas que abundan en las congregaciones de hoy en día; particularmente, como ya lo mencioné, el 'evangelio de la prosperidad'. La intención es desafiar a la iglesia del Señor a equiparse, capacitarse y enfrentarse con argumentos sólidos ante los embates mundanos de filosofías huecas y malintencionadas que dañan al evangelio puro de Jesucristo.

Finalmente, postulo mis conclusiones, hallazgos y sugerencias para la construcción de una eclesiología apologética consciente y preparada doctrinalmente para hacerle frente a la falsa enseñanza de la prosperidad.

El Mundo Grecorromano del Primer Siglo

La iglesia primitiva surgió dentro un contexto histórico, sociopolítico, religioso y cultural dominado por el Imperio Romano. Según D. F. Watson, "Roma era una ciudad en la zona costera centro occidental de Italia, que surgió de un pequeño asentamiento agrícola en el siglo VIII a.C. para luego convertirse en una potencia mundial que dominaba la región del Mar Mediterráneo y más allá, próximo al nacimiento de Cristo."[1] Así que el marco en el cual el cristianismo del primer siglo se desenvuelve está delimitado por ciertas influencias políticas romanas, filosofías griegas, pero, sobre todo, de un sincretismo religioso pagano.

La hegemonía de Roma no permitía la insurrección de ninguno de sus pueblos conquistados, so pena, de respetar sus creencias, dioses o prácticas religiosas autóctonas. Los militares romanos suprimían y oprimían a sus tributarios y los obligaban a obedecer las leyes del imperio.

Religiosamente, el problema no era el politeísmo en sí, eso era común; pero cuando Roma decide idolatrar al emperador César, y lo promulga como un decreto, nadie podía desacatar esa orden. En tal ambiente tanto los judíos como los cristianos parecían ser insolentes e irreverentes, que insistían en su Dios único y distinto de todos los demás dioses. Por esta razón, muchos veían en el judaísmo y en el cristianismo un quiste que debía ser extirpado de la sociedad romana.[2]

No obstante, en el abanico de tradiciones filosóficas, existían dos líneas de pensamiento filosófico que parecían ser compatibles con la fe cristiana: éstas eran la escuela platónica y la del estoicismo. Platón creía en la vida de después de la muerte, en la existencia de un Ser Supremo y eterno y, en la inmortalidad del alma. En el caso del estoicismo, las bases de su filosofía se enraizaban en la interpretación de una ley moral que se abstenía de las pasiones carnales del ser humano.

Ante esos insumos externos, los cristianos encontraron a un par de aliados en su compresión ontológica de la vida piadosa y trascendente, pero no al grado de fusionarse con aquellos (los platónicos y los estoicos). La nueva fe enarbolaba, principalmente, el evangelio de Jesucristo y a éste Resucitado.

Por supuesto que la cultura imperialista grecorromana no habría de quedarse con los brazos cruzados ante la negativa de la 'nueva secta' a someterse al imperio. Así fue como empezó la persecución,

---

[1] Pnayotis Coutsoumpos, *Pablo, Corinto y el Imperio Romano* (Barcelona, España: Editorial CLIE, 2019), p. 51.

[2] Justo González, *Historia del Cristianismo Tomo I* (Miami: Editorial Unilit, 2008), p. 29.

el hostigamiento y el martirio. En sus primeros 300 años aproximadamente, la iglesia de Jesucristo fue llevada a los coliseos romanos como un espectáculo de muerte cruel. Además de las hogueras, donde los cristianos eran quemados vivos, otros eran decapitados o crucificados por las calzadas romanas como escarmiento a los seguidores del Galileo.

Tertuliano, uno de los padres de la iglesia, dijo en el siglo II: "Tu crueldad [refiriéndose a Roma], por exquisita que sea, tampoco te sirve de nada. Es más bien una tentación para nosotros. Cuanto más somos segados por ti, más crecemos en número; la sangre de los cristianos es semilla."[3]

Sin embargo, no todo fue sufrimiento y dolor para la incipiente comunidad de fe. El cristianismo revitalizó la vida en las ciudades grecorromanas al proporcionar nuevas normas y nuevos tipos de relaciones sociales capaces de hacer frente a muchos problemas urbanos urgentes. A las ciudades llenas de personas sin hogar y empobrecidas, el cristianismo ofrecía caridad y esperanza. Para las ciudades llenas de recién llegados y extraños, el cristianismo les ofrecía una base inmediata para los vínculos fraternales. Para las ciudades llenas de huérfanos y viudas, el cristianismo proporcionaba un nuevo y ampliado sentido de familia. Para las ciudades desgarradas por violentos conflictos étnicos, el cristianismo ofrecía una nueva base para la solidaridad social. Y, en las ciudades que se enfrentaban a epidemias, incendios y terremotos, el cristianismo les ofrecía servicios de enfermería eficaces.[4]

De tal modo que, en medio de las vicisitudes políticas, socioculturales, económicas y religiosas, el cristianismo emergió como una voz respetable, ganando cada vez más adeptos a lo largo y ancho del Imperio. El problema no era únicamente la persecución, sino que las corrientes ideológicas paganas externas también amenazaban internamente a las enseñanzas y la sana doctrina de la Iglesia Primitiva. Fue en ese contexto donde los discípulos de Cristo aprendieron a desarrollar y defender los fundamentos de la fe ortodoxa.

---

[3] Rodney Stark, *The Rise of Christianity* (New Jersey: Editorial Princeton University Press, 2020), p. 161.

[4] Stark, *Rise of Christianity*, p. 161.

Los Efesios

La ciudad de Éfeso era conocida acertadamente como la 'ciudad madre' de Asia, por su influencia sobre la política, el comercio y el ambiente religioso de la provincia. Éfeso era el cuartel general del procónsul de Roma y la sede de la Confederación (la *koinon*) de griegos en Asia.[5]

El contexto geográfico de las Epístolas Pastorales del apóstol Pablo (1 y 2 de Timoteo y Tito) se encuentra en las iglesias ubicadas en Éfeso y Creta respectivamente. Ambas ciudades de rica influencia económica, social, cultural e ideológica. Por lo mismo, los problemas de errores doctrinales no se hicieron esperar en la comunidad cristiana de Éfeso pastoreada por Timoteo, el 'hijo espiritual de Pablo'.

Timoteo era un colaborador mucho más joven que el Apóstol de los gentiles, y que se había convertido en su asiduo compañero de viajes y amigo íntimo. Según Hch 16:1-3, Timoteo era de Listra, un pueblo licaonio de la provincia romana de Galacia, en la zona centro-sur de Asia Menor. Probablemente, Pablo le conoció entre los años 46-48 d.C., durante su primer esfuerzo misionero en esta zona (Véase Hch 13:49 - 14:25 y 2 Tim 3:11). Es muy probable que tanto él como su madre y abuela se hubieran convertido en aquella época.[6]

Algunos de los principales retos a los cuales el joven pastor se enfrentaba eran, sin lugar a duda, las herejías gestadas por los movimientos gnósticos y los judaizantes devotos de la circuncisión. El primero de ellos se caracterizaba por un intelectualismo especulativo que generaba discusiones controversiales (1 Tim 1:4) entre sus adeptos (1 Tim 6:4). Según Pablo, ahí se discutía sobre cuestiones necias e insensatas (2 Tim 2:23). Las herejías no parecía ser el terreno de juego de los intelectuales, más bien eran los pseudointelectuales los que se entretenían con discusiones vanas. Aquella congregación parecía caracterizarse por un orgullo religioso sugerido en la carta de Pablo. Esto es posible deducirlo ya que el

---

[5] Arnold E. Clinton, *Comentario Exegético-Práctico del Nuevo Testamento* (Barcelona, España: Publicaciones Andamio, 2016) p. 44.

[6] Gordon Fee, *Comentario de las Epístolas a 1ª y 2ª de Timoteo y Tito* (Barcelona: Editorial CLIE, 2008), p. 33.

hereje tiende a ser orgulloso, aunque en realidad no sepa casi nada de lo que se discute.[7]

El segundo grupo no sólo lo encontramos causando divisiones en Éfeso sino también en las congregaciones de Colosas, Galacia y Creta, donde Tito era el pastor. Los causantes de esta división eran los judíos recalcitrantes y representantes de la Ley mosaica (*Toráh*) que instigaban a los nuevos convertidos a cumplir con las festividades (*shabbath*). Estos exigían la observancia de las reglas de purificación, alimentación y demandaban la circuncisión como inclusión al judaísmo veterotestamentario.

La iglesia de Éfeso se vio amenazada por todas partes, por dentro y por fuera. En algún momento tuvo la tentación de abandonar sus propios niveles elevados de pureza y verdad. Ante esa amenaza, calidad de sus miembros y el nivel espiritual de sus ministros se estaban degenerando.[8]

Además, al abogar en favor de una ética y doctrina falsas, estos siniestros maestros (y quizás otros con ellos) parecen haber hecho necesario que Pablo estableciera algunas reglas claras acerca de la conducta apropiada en el culto público. Las damas también necesitaban instrucción especial con respecto a su comportamiento y apariencia externa. Por esto, alrededor del año 63, Pablo, recientemente alejado de Éfeso donde había dejado a Timoteo, y estando ahora en Macedonia (1 Tim 1:3), le dice a Timoteo cómo administrar los asuntos de la iglesia.[9]

Es en este punto donde la Iglesia Primitiva debía comprender su papel preservador y apologético frente a las olas de falsas enseñanzas cristianas que amenazaban a la comunidad de Éfeso. Y, como hemos visto antes, esas enseñanzas siguen amenazando a la Iglesia del siglo XXI.

---

[7] William Barclay, *Comentario al Nuevo Testamento Tomo 12* (Barcelona, España: Editorial CLIE, 1995) p. 6.

[8] Barclay, *Comentario al Nuevo Testamento*, p. 9

[9] William Hendriksen, *Comentario al Nuevo Testamento* (Grand Rapids, MI: Editorial Libros Desafío, 2006), p. 39.

Exégesis de 1 Tim 3:15

"...para que, si tardo, sepas cómo debes conducirte en la casa de Dios, que es la iglesia del Dios viviente, columna y baluarte de la verdad" (1 Tim 3:15, RV 1960). "...ἐὰν δὲ βραδύνω, ἵνα εἰδῇς πῶς δεῖ ἐν οἴκῳ θεοῦ ἀναστρέφεσθαι, ἥτις ἐστὶν ἐκκλησία θεοῦ ζῶντος, στῦλος καὶ ἑδραίωμα τῆς ἀληθείας."

En primer lugar, enfoquémonos en la segunda sección del versículo 15, que es la *iglesia del Dios viviente, columna y baluarte de la verdad*. Realizando las dos funciones fundamentales de la apología cristiana para la Iglesia.

Tres conceptos importantes

(1) La iglesia (ἐκκλησία) del Dios viviente

La expresión previa en el pasaje en cuestión: en la casa de Dios, se refiere a la iglesia formada por todos los creyentes en Cristo Jesús.[10] En otras palabras, no se habla de una iglesia en específico (como Éfeso, por ejemplo) sino se hace alusión a la iglesia universal, es decir, a todos los redimidos por la sangre de Cristo en el mundo. Pero eso no es todo. Pablo ofrece la preposición posesiva 'del' para enfatizar al Dios viviente como dueño y Señor de la Iglesia. Dicha cualidad hace mención a las palabras del apóstol Pedro, quien escribió, *vosotros también, como piedras vivas, sed edificados como casa espiritual y sacerdocio santo, para ofrecer sacrificios espirituales aceptables a Dios por medio de Jesucristo* (1 Pe 2:5).

La iglesia es un organismo vivo y no sólo una organización institucional. La iglesia está viva porque el Espíritu Santo la vivifica. Además de eso, está viva porque tiene una razón de ser: proclamar las Buenas Nuevas y formar discípulos. Esta misma iglesia de la cual escribe Pablo, está viva porque su Dios está vivo y vive en medio de ella: él la sostiene, le da propósito, la comisiona, la bendice y le promete que un día regresará por ella.

---

[10] Vidal Valencia, *Comentario Bíblico del Continente Nuevo: 1 Timoteo, 2 Timoteo, Tito* (Miami, FL: Editorial Unilit, 1996), p. 57.

(2) Columna [*stulos*] de la verdad.

Esta es una descripción arquitectónica y, debió significar mucho para Timoteo en Éfeso, ya que el gran templo de la diosa Diana tenía 127 columnas.[11] Ese edificio se considera una de las siete maravillas de la antigüedad; con más de 18 metros de altura. Se considera que la idea de las columnas no era solamente servir como soportes, sino poner el techo del templo en lo alto y a la vista de todos. En ese caso, al aplicar esta figura a la iglesia, indica que entre sus deberes está el de mantener en alto la verdad, a fin de que toda persona pueda verla. Por lo tanto, con esta descripción se enseña que la iglesia debe proclamar la verdad y cuidar que no sea empañada por ninguna falsa doctrina.[12]

Una vez redimido a través de Cristo, el cristiano se convierte en pilar o sostén de la doctrina. En una construcción, las columnas sirven para sostener, pero en aquel entonces también había columnas que se levantaban para colgar anuncios, y en ese otro sentido, también el cristiano es columna pues debe ser útil para anunciar el evangelio.[13] Cuanto más alto levantemos el nombre de Cristo como Iglesia, más personas lo verán y los que crean, serán salvos.

Asimismo, la iglesia es la columna de la verdad; pues la existencia continuada (históricamente) de la verdad descansa en ella; porque ella apoya y conserva la palabra de la verdad. La iglesia se apoya en la verdad tal como está en Cristo: no la verdad sobre la iglesia.[14] Esto conlleva a no sacralizar a la iglesia per se, sino al contenido inalterable de su proclamación: a Jesucristo el salvador del mundo, el arrepentimiento y perdón de pecados, la redención del alma y la esperanza de gloria eterna. Desde esta perspectiva, la iglesia se

[11] Warren W. Wiersbe, *Fieles en Cristo: Estudio Expositivo de las Epístolas a Timoteo, Tito y Filemón* (Sebring, FL: Editorial Bautista Independiente, 1994), pp. 42–3.

[12] Juan Carlos Cevallos y Rubén O. Zorzoli, *Comentario Bíblico Mundo Hispano, Tomo 22: 1 y 2 Tesalonicenses, 1 y 2 Timoteo y Tito* (El Paso, TX: Editorial Mundo Hispano, 2009), pp. 141–2.

13 Valencia, *Comentario Bíblico del Continente Nuevo*, p. 58.

[14] Roberto Jamieson, A. R. Fausset y David Brown, *Comentario exegético y explicativo de la Biblia - tomo 2: El Nuevo Testamento* (El Paso, TX: Editorial Casa Bautista de Publicaciones, 2002), p. 568.

convierte en la portadora de la salvación y sólo por ello, es columna de la verdad.

La columna es el refuerzo intermedio; el 'apoyo' o 'cimiento' (similar a 'fundamento'; (2 Tim 2:19) es el refuerzo final del edificio.[15] La iglesia del Dios viviente es llamada 'columna de la verdad'; porque el oficio de impartir la doctrina, que Dios ha colocado en sus manos, es el único instrumento para preservar la verdad, a fin de que no desaparezca de la memoria de los hombres.[16] Si la iglesia de Jesucristo fuese sacada de la ecuación social, no existirían valores como la justicia, la esperanza, la solidaridad, el respeto, la verdad, entre otros porque la verdadera iglesia del Señor es depositaria y generadora del bien a los pueblos. La Iglesia es un bienestar para la sociedad.

En la misma línea, se podría afirmar que el calificativo de columna a la iglesia no sólo da la idea de sostenimiento de un edificio sino también da un referente de identidad sobre el cual se puede erigir la verdad (más adelante se hablará de esta virtud) para todo el mundo la escuche y la vea.

Finalmente, el aspecto de la columna del ministerio de la iglesia se refiere principalmente a la exposición de la verdad de la Palabra, así como una estatua se pone en un pedestal para que todos puedan admirarla. Debemos sostener en alto la Palabra de vida (Fil 2:16), para que el mundo pueda verla. La iglesia local hace resaltar a Jesucristo por medio de la vida de los miembros fieles.[17]

(3) Baluarte (*edraioma*) de la verdad.

El baluarte era una torre pentagonal construida sobre los muros, y servía para defender la ciudad del enemigo. Ahora es la iglesia la que como un baluarte protege la verdad y está pendiente de que nadie introduzca diferente doctrina.[18] La palabra 'baluarte' implica una fortificación, una muralla. La iglesia local está construida sobre Jesucristo, la Verdad (Juan 14:6); pero la iglesia local también es una

---

[15] Jamieson, Fausset y Brown, *Comentario exegético*, p. 568

[16] Juan Calvino, *Comentario a las Epístolas Pastorales* (Grand Rapids, MI: Libros Desafío, 2005), p. 105.

[17] Wiersbe, *Fieles en Cristo*, pp. 42–3.

[18] Valencia, *Comentario Bíblico*, p. 58.

columna y una fortificación de la verdad.[19] Es decir, la defensa de la fe parte desde y a través de una comunidad de creyentes que se congrega y tiene a un pastor que les capacita para ese gran arte llamado apologética.

Como baluarte la iglesia protege la verdad y la guarda, para que la verdad no tropiece. De otra manera sucederá como dijo Isaías, que "la verdad tropezó en la plaza, y la equidad no pudo venir" (Is 59:14). Cuando las iglesias locales se alejan de la verdad (1 Tim 4:1–5) y hacen concesiones en su ministerio, entonces el enemigo progresa. Algunas veces los líderes de las iglesias deben adoptar una posición militante contra el pecado y la apostasía. Esto no los hace muy populares, pero es una actitud que agrada al Señor.[20]

El diccionario exegético del Nuevo Testamento (fuente bibliográfica académica y seria) translitera ἑδραίωμα como fundamento[21] y bien se podría dar la idea de soporte o cimiento que es lo que provee la estabilidad y permanencia a una construcción. Con esta idea se ilustra que la iglesia ha de mantener firmemente e intacta la verdad, especialmente ante un mundo en el que prolifera la incredulidad y ante los mismos ataques internos de la herejía que tratan de destruirla.[22]

Ahora, ¿Cuál es el objetivo central de la iglesia del Dios viviente a la hora de ser columna y baluarte? Categóricamente, la verdad. Del original *aletheia* [ἀληθείας] que apela a una afirmación verdadera; con la implicación de que la declaración es confiable.[23] Pero la verdad no es un asunto abstracto, filosófico, supranatural. La verdad es una persona (Jn 14:6). Es, también, el *kerigma*: la proclamación de la vida y obra, crucifixión, muerte y resurrección de Jesús.

La iglesia ha de ser el apoyo de la verdad y su conservadora ante el mundo, y el instrumento de Dios para asegurar su continuación

---

[19] Wiersbe, *Fieles en Cristo*, pp. 42-3.

[20] Wiersbe, *Fieles en Cristo*, pp. 42-3.

[21] Horst Balz y Gerhard Scheneider, *Diccionario Exegético del Nuevo Testamento Volumen I* (Salamanca, España: Editorial Sígueme, 2005), p. 1155.

[22] Cevallos y Zorzoli, *Comentario Bíblico Mundo Hispano*, pp. 141-2.

[23] Software Bíblico Logos, Biblioteca Software Bíblico Logos: Léxicos de sentidos bíblicos (2023), *https://es.logos.com/* (Recuperado 6 abril 2023).

sobre la tierra en oposición a aquellas herejías (Mat 16:18).[24] Estas palabras enfatizan el papel de la iglesia en la proclamación de las enseñanzas básicas de la fe cristiana y en protegerla y defenderla de los falsos maestros.[25]

Dios le ha confiado su verdad a la iglesia y quiere que ella la haga conocer. Dios conservará esta verdad en su iglesia y para su iglesia. Él preserva la verdad en medio de ella, y la familia de Dios se preocupará de conservar esta verdad contra el error destructivo.[26] Esta es la misión apologética de la iglesia de estos tiempos.

Ahora bien, ella es preservada en la tierra sólo por su ministerio y la proclamación de su fe. ¡Cuánta responsabilidad, pues, descansa sobre los pastores a quienes se les ha confiado la custodia de este tesoro tan inestimable![27] Si no hay ministros piadosos quienes, por su predicación, rescaten la verdad de las tinieblas y del olvido, entonces las falsedades, los errores, las imposturas, las supersticiones y toda clase de corrupciones reinarán instantáneamente. En suma, el silencio en la Iglesia es el destierro y la aniquilación de la verdad.[28]

La Iglesia Actual y sus Desafíos Apologéticos

No es ninguna novedad encontrarse hoy en día con movimientos religiosos corruptos y heréticos. Cada vez son más los pseudo-pastores que predican un evangelio distorsionado, manipulador y con intereses económicos. La corriente de la prosperidad ha crecido desproporcionadamente en los medios evangélicos neopentecostales. Las redes sociales han servido como plataformas virtuales para la exposición de mensajes cristianos adulterados. Con en aquellos tiempos, hoy también tenemos enseñanzas impartidas por impostores de la fe, mercaderes del Evangelio y megalómanos de iglesias de dudosa reputación.

---

[24] Jamieson, Fausset y Brown, *Comentario exegético,*. p. 568.

[25] Eduardo A. Hernández, *Lockman Foundation, Biblia de estudio: LBLA.* (La Habra, CA: Editorial Fundación, 2003), 1 Ti 3:15.

[26] Armin W. Schuetze, *1 Timoteo, 2 Timoteo, Tito. La Biblia Popular* (Milwaukee, WI: Editorial Northwestern, 1999), pp. 59-60.

[27] Calvino, *Comentario a las Epístolas Pastorales*, p. 104.

[28] Calvino, *Comentario a las Epístolas Pastorales*, pp. 105-6.

Por si fuera poco, en el escenario religioso al cual se enfrenta la iglesia de hoy, muchos de los ministros que dirigen las congregaciones carecen de educación teológica. Por supuesto, no todos, pero la siguiente estadística tomada en Estados Unidos en el año 2017 dice que, por ejemplo, sólo el 10% de los protestantes hispanos tienen un nivel título universitario, mientras que los protestantes norteamericanos oscilan entre el 12 al 19% con estudios religiosos de grado. Irónicamente, los hindúes y los musulmanes tienen mayor preparación que los evangélicos según estos datos.[29]

Estas son algunas preguntas que surgen alrededor de los desafíos a los que se enfrenta la iglesia contemporánea y que difícilmente se han respondido: ¿Existe una eclesiología que incluya a la apologética en su educación ministerial? ¿La iglesia actual es consciente de las pésimas hermenéuticas bíblicas? ¿El cristiano promedio puede no sólo identificar sino también argumentar sólidamente su fe? ¿Qué rumbo está llevando la iglesia de hoy frente a los embates doctrinales que está viviendo? ¿Los pastores, líderes y mentores están capacitando intencionalmente a sus miembros? ¿Qué papel desempeña la educación bíblica en las iglesias. Es primordial o secundaria, sistemática o esporádica? Y qué decir de las nuevas generaciones, ¿Tienen herramientas bíblico-teológicas aprendidas en sus congregaciones para defender la fe cuando se enfrentan a sus profesores de la facultad que cuestionan sus creencias?

Esta es una realidad innegable. El mundo profesional, científico y de poder adquisitivo esperan una contestación a sus inquietudes existenciales. Merecen una respuesta sensata, congruente y Escritural. Pero no sólo ellos, sino también las amas de casa que batallan con sus hijos, los padres de familia que se esfuerzan en su trabajo o los jóvenes que son bombardeados por los medios de comunicación (música, redes sociales, streamings, series de TV, videojuegos) con toda clase de imágenes, sonidos y mensajes superficiales que sólo los confunden cada vez más.

Hay una batalla cultural, ideológica y de valores. La iglesia hoy en día no está exenta a todo eso, tiene que abrir sus ojos.

---

[29] Statistica "Educational attainment of religious groups in the United States in 2017, by faith tradition," Empowering people with data (2017), *https://www.statista.com/statistics/245533/educational-attainment-of-us-religious-groups-by-faith-tradition/* (Recuperado 8 febrero 2023).

Imperceptiblemente el mundo se filtra entre las filas evangélicas. Falsos maestros, falsas enseñanzas, herejías, tergiversaciones, descontextualizaciones, movimientos apostólicos y proféticos extravagantes, malversación de fondos, escándalos inmorales. Entre toda esta inmundicia, uno de los más grandes males que la iglesia cristiana occidental ha tenido que sortear es la falsa doctrina de la prosperidad. De unas décadas para acá, este materialismo y consumismo de un evangelio a la carta, ha llenado los bolsillos de sus representantes religiosos y sus catedrales. Un cáncer eclesiológico que ha hecho metástasis en casi todo el cuerpo de Cristo.

'Evangelio de la Prosperidad'

También conocida como 'la teología de la salud y la riqueza'. La teología de la prosperidad descansa en el espíritu de avaricia, (el espíritu de Mammón al que hizo referencia el Señor en Mat 6:19-21) el cual nos hace buscar a Dios para que nos dé la añadidura en el tiempo y forma que nosotros queramos. En otras palabras, buscamos a Dios para lograr las bendiciones y no por lo que Él es.[30]

¡Qué ironías! Lo que era antiguamente la ética del trabajo de los protestantes se ha reemplazado por el evangelio de la prosperidad. Somos iglesia de la sociedad de consumo. Dios quiere nuestra prosperidad y existe un ejército de predicadores ambulantes, tele-evangelistas y otros, para decirnos cómo alcanzar esa prosperidad. Para la mayoría de éstos, un paso importante para alcanzar la prosperidad consiste en el apoyo generoso al mismo predicador. Pero el problema empieza con nuestra actitud fundamental hacia el dinero. Hemos hecho al Mammón de injusticia, al Don Dinero, el objetivo principal de nuestra vida.[31]

La pregunta es ¿cómo es que tantos, se dejan atrapar tan fácil siendo maestros de la Biblia? La respuesta está, básicamente, en dos cuestiones: (1) falta de conocimiento real y bíblico del tema y; (2) la trampa misma de la avaricia.[32]

---

[30] Daniel Nájar, *La Otra Iglesia* (México: Editorial Gen, 2017), p. 71.

[31] Theo Donner, *Posmodernidad y Fe* (Barcelona, ESpaña: Editorial CLIE, 2012), p. 67.

[32] Nájar, *La Otra Iglesia*, p. 89.

En el mismo tenor, es interesante que el Nuevo Testamento no contiene advertencias detalladas sobre el evangelio de la prosperidad de la manera que sí lo hace acerca del legalismo, por algún motivo: la mayoría de los cristianos primitivos no prosperaban. Efectivamente, diez de los doce murieron como mártires. Pablo tuvo que llevar a cabo campañas de recaudación para ayudar a los cristianos pobres de Jerusalén. Teniendo en cuenta su propia vida de naufragio, prisión, golpes y una 'espina en el cuerpo' sin sanar, el concepto de un evangelio de prosperidad probablemente nunca se le cruzó por la mente.[33] Así que, esta corriente de pensamiento torcido en las iglesias no tiene más de 50 años en circulación.

El evangelio de la prosperidad no es la única amenaza del cristianismo conservador. Existen las blasfemias al Espíritu Santo, la cesación de carismas, los excesos en el ministerio profético, 'el apostolitis', los vaticinios escatológicos errados, entre otros.

Así como en los tiempos de Pablo y Timoteo, ya se escribía en contra de los apóstatas de la fe, espíritus engañadores y doctrinas de demonios (1 Tim 4:1), ahora se vive otras afrentas a la verdad del evangelio puro de Jesucristo.

Entonces, se puede llegar a la conclusión de que la razón por la cual la iglesia es llamada 'columna de la verdad', es porque ella la defiende y la esparce mediante su instrumentalidad.[34] La iglesia mantiene la verdad, porque mediante la predicación, la iglesia la proclama.[35] Ahora bien, no debe confundirse (como lo mencioné anteriormente) que la iglesia, por ser 'baluarte de la verdad' es la fuente de la verdad de Dios, y que nadie puede conocer ésta a menos que dependa de la enseñanza de alguna iglesia organizada o grupo eclesiástico. Pero Pablo simplemente afirma que la función crucial de la iglesia universal es de apoyo y baluarte—no la fuente—de la verdad.[36] Cristo es la única fuente de la verdad.

---

[33] Philip Yancey, *¿Para qué sirve Dios?* (Nueva York, NY: Editorial Peniel, 2010), p. 187.

[34] Calvino, *Comentario a las Epístolas Pastorales*, p. 105.

[35] Calvino, *Comentario a las Epístolas Pastorales*, p 105.

[36] Cevallos y Zorzoli, *Comentario Bíblico Mundo Hispano*, pp. 141–2.

Finalmente, la iglesia basa su existencia en la verdad del mensaje de salvación; a su vez, esta verdad depende de la iglesia en cuanto a su proclamación y defensa.[37]

Conclusiones, Hallazgos y Recomendaciones para la Contextualización

Al llegar a esta última sección se reafirma la idea de que la iglesia del Dios viviente es fundamento y defensa de la verdad ante un mundo gobernado por la mentira y el engaño de Satanás. En medio de las tinieblas, resplandece esa verdad eterna, encarnada y poderosa: Jesucristo mismo, es el hijo de Dios.

Si la Iglesia es custodia de la verdad, entonces debe asumir la responsabilidad de conocerla de primera mano. El papel de la verdad define la vida o la muerte del ser humano. Por lo tanto, la iglesia está obligada a redescubrir y encontrar la verdad a través del estudio, análisis, sociabilización y reinterpretación. La esencia de la verdad no evoluciona, sólo se construye sobre la base de una correcta contextualización. Cristo el gen de la verdad es inmutable. Una vez consciente de la vigilancia de dicha verdad por parte de la iglesia, a ésta sólo le resta cumplir con su función apologética. La *missio Dei* no sólo es el acto de la proclamación *kerigmática* de Jesús sino la defensa de la misma ante todo argumento y altivez que se levante en contra del conocimiento de Dios (2 Co 10:5). Esta práctica (la apologética) debe ser ejercitada mediante la disciplina de la investigación y la preparación constante bíblico-teológica.

La apologética debe ser fomentada y promovida desde el púlpito hasta las escuelas dominicales, estudios bíblicos y las casas de los hermanos de la iglesia. Las nuevas generaciones deben ser capacitadas en el arte de la dialéctica de la fe cristiana para sobrevivir en una sociedad posmoderna que todo lo cuestiona. La intención no es la pretensión o la jactancia del conocimiento bíblico *sino estar siempre preparados para presentar defensa con mansedumbre y reverencia ante todo el que os demande razón de la esperanza que hay en vosotros* (1Pe 3:15).

Qué la iglesia del Dios viviente, a la que se le escribió en Éfeso en los tiempos de Timoteo, y también la iglesia actual, la presente, dignifique su papel como columna y baluarte de la verdad. Nunca

---

[37] Cevallos y Zorzoli, *Comentario Bíblico Mundo Hispano*, pp. 141–2.

baje la guardia ante los engaños, las 'medias verdades' o sutilezas del diablo. Qué la iglesia no se conforme a este siglo (Rom 12:2a) sino que enfrente como representante fiel los intereses del Reino.

Los hallazgos encontrados entorno a la misión de la Iglesia no han cambiado. Mat 28:19-20 sigue en pie: la Gran Comisión no termina sino hasta que Cristo vuelva por Su remanente. Mientras tanto, el desempeño misionológico, pedagógico y apologético de la iglesia debe ser actualizado de acuerdo a los desafíos del escenario presente. En otras palabras, la iglesia no debe acostumbrarse a su institucionalidad y, subsistir por los méritos del pasado. Por el contrario, la iglesia debe reinventarse hacia los nuevos contextos y retos del siglo veintiuno: el 'evangelio de la prosperidad' es uno de ellos.

Sugiero que los seminarios, institutos, centros de estudios y, por supuesto, las iglesias locales ofrezcan una cátedra eclesiológica con fuerte énfasis en la apologética cristiana. Si la iglesia actual ocupa su lugar como columna y baluarte de la verdad en esta sociedad, resolutivamente se capacitará no sólo bíblica y teológica, sino también multidisciplinariamente en otras ciencias del saber. Propongo una iglesia más versada, elocuente y racional. Llena del poder del Espíritu Santo y lista para preservar y proteger el tesoro preciado de la verdad. Porque si el mundo perdido conoce la Verdad, la verdad los hará libres (Jn 8:32).

EL BAUTISMO DEL ESPÍRITU SANTO EN LA TEOLOGÍA PENTECOSTAL

UN ESTUDIO POSICIONAL ENTRE LAS PROPUESTAS DE WOLFGANG VONDEY Y FRANK MACCHIA

CELSO MIGUEL ANTONIO CARILLO

Introducción

La comprensión teológica del bautismo del Espíritu es una de las cuestiones más importantes del cristianismo pentecostal desde sus orígenes. Dentro del pentecostalismo (entiéndase, movimientos carismáticos, corrientes neopentecostales y pentecostalismos clásicos), de hecho, la comprensión de este establece la diferenciación definitiva entre sus diversas alternativas. Esto es exactamente lo que piensan algunos de la evidencia inicial del bautismo en el Espíritu. Así, en el famoso debate de Wayne Grudem sobre la vigencia de los dones del Espíritu, Douglas Oss, como representante del pentecostalismo clásico afirma: "Los pentecostales clásicos mantienen que la evidencia física inicial del Bautismo del Espíritu es hablar en lenguas (si no produce una manifestación en lenguas, no ha habido Bautismo en el Espíritu)."[1]

---

[1] Douglas Oss, "La postura pentecostal/carismática" en *¿Son vigentes los dones milagrosos?: Cuatro puntos de vista,* editado por Wayne Grudem (Barcelona, España: Editorial CLIE, 2004), p. 257.

Yo pienso que, al igual que Oss, la diferencia final entre uno y otro pentecostalismo, especialmente entre los pentecostales clásicos y neopentecostales, estriba en la forma como comprenden la experiencia inicial del bautismo del Espíritu, o dicho más abiertamente, los dones sobrenaturales. Así también pienso que la gran diferencia entre el pentecostalismo y el evangelicalismo radica en la pneumatología, principalmente. Ahora bien, considero que no existe un único grupo de pentecostales clásicos dentro del pentecostalismo y que estos también tienen una forma doctrinal de distinguirse. Oss, por ejemplo, separa "los pentecostales y los pentecostales de la santidad",[2] distinguidos por la forma de entender la santificación dentro del esquema soteriológico del movimiento.

Dentro los grupos pentecostales clásicos, creo que actualmente pueden clasificarse otros grupos, dependiendo de la interpretación que realizan de la evidencia inicial del bautismo. Estos pentecostales no niegan la importancia de la evidencia inicial ni tampoco su lugar en la obra carismática del Espíritu, pero la reinterpretan de manera diferente: como signo, símbolo o señal. Esta manera particular de comprender la evidencia inicial tiene una interesante huella en la producción actual de la teología pentecostal. Lo que haré en este ensayo será estudiar la idea sobre la naturaleza de la evidencia inicial en la teología de dos de los más importantes teólogos pentecostales clásicos del momento, Frank Macchia y Wolfgang Vondey. Posteriormente trataré de establecer una posición personal informada desde ambas fuentes y, espero, diferenciada.

La evidencia inicial en la teología pentecostal de Frank Macchia

Frank Macchia es un teólogo pentecostal de renombre. Se le considera un gran expositor de la teología pentecostal clásica y ha sido asociado constantemente con el ala conservadora del movimiento, aunque sus obras parecen más bien encontrarse en el bloque moderado. Nacido en 1952 en Estados Unidos, hijo de un pastor pentecostal de las Asambleas de Dios, ha dedicado su vida al

---

[2] Oss, "La postura pentecostal/carismática", p. 239.

servicio a Dios. Dentro de sus títulos destaca su Doctorado en Teología, obtenido en la *Universidad de Basilea*, Suiza. Macchia se identifica como ministro de las Asambleas de Dios. Trabaja como profesor de planta en la *Universidad Vanguard* de Costa Mesa, California, y como profesor invitado en múltiples universidades y seminarios nacionales e internacionales. El Dr. Macchia es, además de un excelente autor y profesor de teología, un cristiano de testimonio sólido y carisma genuino.

En general, Macchia sostiene una teología clásica del bautismo del Espíritu y del hablar en lenguas como experiencia carismática. Es consciente de la posición histórica del hablar en lenguas como evidencia inicial del bautismo del Espíritu Santo.[3] Sin embargo, aclara que: "No todos los pentecostales globalmente abrazan la doctrina de hablar en lenguas como la evidencia inicial del bautismo en el Espíritu."[4] De hecho, Macchia va más lejos al afirmar que "algunos pentecostales y carismáticos ahora, sin embargo, ven a las lenguas como un regalo singular no asociado inmediatamente con el bautismo del Espíritu Santo."[5] En otras palabras, también reconoce otras Teologías pentecostales donde hablar en otras lenguas no está asociado exclusivamente con el bautismo del Espíritu. Por supuesto que Macchia solo describe, más no valida estas posiciones poco tradicionales al pentecostalismo clásico.

Ahora bien, en particular, seria incorrecto decir que Macchia sostiene una teología tradicional de la "evidencia inicial" del bautismo del Espíritu. Ya desde su famoso artículo *Sighs Too Deep for Words: Towards a Theology of Glossolalia* había articulado una comprensión original al respecto. Este texto, además de granjearle un lugar de reconocimiento dentro de la academia pentecostal también le atrajo varias críticas. A pesar de eso, un segundo texto, *Groans too Deep for Words: Towards a Theology of Tongues as Initial Evidence,* dejó todo más

---

[3] Frank Macchia, *Bautizado en el Espíritu: Una teología pentecostal global* (Miami, FL: Editorial Vida, 2008), p. 33.

[4] Macchia, *Bautizado en el Espíritu*, p. 33.

[5] Frank Macchia, "Glossolalia", en *The Encyclopedia of Christianity*, Volume 2: E-I, por Erwin Fahlbush y otros (Grand Rapids, MI: Wm. B. Eerdmans Publishing Company, 2001), p. 416.

claro y produjo todavía más impacto que el primero.[6] Aquí Macchia es bastante claro con lo que propone: que hablar en otras lenguas es una experiencia inicial al bautismo del Espíritu, que esta experiencia debe considerarse una "señal" más que una "evidencia" y el énfasis en la relación teológica (no legalista) entre ellos.[7]

La primera distinción pentecostal sobre hablar en lenguas en la pneumatología de Macchia es su convicción de que se produce como de forma inicial al Bautismo en el Espíritu Santo. A este asunto se dedica asiduamente, entre otros artículos, en *The Question of Tongues as Initial Evidence,* publicado en 1993 por la JPT.[8] Ahí reconoce Macchia que la creencia más importante y controvertida de la teología y la espiritualidad en el pentecostalismo clásico es la doctrina de las lenguas como "evidencia inicial."[9] También asegura Macchia que, aunque no se tiene una formalización absoluta de la teología que respalda la convicción del hablar en lenguas como una experiencia inicial al bautismo, lo cierto es que existe una base bíblica e histórica que nos permite entender la importancia que tiene esta doctrina en el pentecostalismo clásico. Explica que: "las mismas lenguas son una señal del Espíritu de Dios más allá de los frenos de la manipulación humana. Macchia argumenta que las lenguas son una especie del primer sacramento para los pentecostales, que opera como el "'nuevo signo' de la iglesia cristiana."[10]

La otra distinción pentecostal en la pneumatología de Macchia sobre hablar en lenguas es su propuesta crítica al considerarla como una señal más que como una evidencia. Él ha sido bastante enfático en asegurar esto y, de hecho, fue una de las propuestas tempranas de su trabajo que le abrieron paso en la comunidad académica

---

[6] Un efecto de esta recepción puede verse en *A response to Frank Macchia's "Groans too deep for words: Towards a theology of tongues as initial evidence",* de Tan May Ling, que también tuvo muchos lectores.

[7] Frank Macchia, "Sighs Too Deep for Words: Towards a Theology of Glossolalia", *Journal of Pentecostal Theology* 1.1 (1992), pp. 47-73; y, "Groans too deep for words: Towards a theology of tongues as initial evidence", *Journal of Pentecostal Studies* 1.2 (1998), pp. 149-73.

[8] Frank Macchia, "The Question of Tongues as Initial Evidence: A review of Initial Evidence, *Journal of Pentecostal Theology* 2.1 (1993), pp. 117-24.

[9] Macchia, "The Question of Tongues as Initial Evidence," p. 117.

[10] Macchia, "The Question of Tongues as Initial Evidence", p. 123.

pentecostal. Dice: "En mi trabajo sobre la glosolalia, sugerí cambiar al término 'señal' (más que 'evidencia', que no es un término bíblico) concerniente a las lenguas..."[11] El artículo donde se dedicó ampliamente al tema es el que ya he mencionado *Sighs Too Deep for Words* y también en *Tongues as a Sign*. En este último aclara que, si bien la glosolalia es la señal inicial del bautismo del Espíritu, tampoco es la única, aunque sea especialmente apreciada por los pentecostales. En sus propias palabras:

> La glosolalia no es, por supuesto, el único vínculo visible entre las experiencias del Espíritu. Existen otras señales carismáticas, como la sanidad, que sirven para que Lucas documente la libertad y el poder del Espíritu en y a través de los diversos testimonios de la iglesia. Los pentecostales, sin embargo, otorgan a las lenguas una primacía entre los signos carismáticos que significan el empoderamiento del Espíritu.[12]

Finalmente, Macchia también ha propuesto que hablar en otras lenguas debe entenderse mucho mejor desde una perspectiva teológica que desde una perspectiva religiosa, que tiende a ser legalista. En una cita de Macchia que ya usé queda bastante preciso este punto: "En mi trabajo sobre la glosolalia, sugerí cambiar al término 'señal' (más que 'evidencia', que no es un término bíblico) concerniente a las lenguas y *enfocarse en lo teológico más que en una conexión legalista entre ellos.*"[13] Del trabajo al que se refiere Macchia acerca de esta última afirmación es precisamente el artículo al que ya nos referimos: *Tongues as a Sign*. En este, Macchia propone que si bien la iglesia ha formulado que hablar en otras lenguas es un requisito "legal" que confirma el derramamiento del Espíritu, lo cierto es que la teología bíblica y la revisión histórica nos llevan a pensar más en la importancia teológica de las lenguas. Hace algún tiempo William y Robert Menzies han resaltado la relevancia sobre el punto de vista de Macchia al respecto de esto. De hecho, ambos han hecho una

---

[11] Macchia, *Bautizado en el Espíritu,* p. 39.

[12] Frank Macchia, "Tongues as a Sign: Towards a Sacramental Understanding of Pentecostal Experience", *Pneuma: The Journal of the Society for Pentecostal Studies* 15.1 (1993), p. 66.

[13] Macchia, *Bautizado en el Espíritu,* p. 39.

espléndida síntesis sobre la importancia teológica que establece Macchia de hablar en otras lenguas. Estos resaltan tres áreas significativas:

- Misionológica: ¿No es importante que 'las lenguas' acompañen y sean una 'señal' decisiva de la iniciativa de Dios para romper las barreras raciales y económicas?

- Escatológica: La manifestación de las lenguas nos recuerda que nosotros, como aquellos de aquel primer Pentecostés, vivimos en los 'últimos días', el periodo de la liberación de la gracia de Dios que precede inmediatamente al Día del Señor (Hch 2:17), y que Dios nos ha llamado a ser parte de su glorioso plan de salvación.

- Eclesiología: Las lenguas han sido descriptas como un 'sacramento' pentecostal (un signo visible de una realidad espiritual), pero que no está ligado al clero o una institución, y por lo tanto tiene un poderoso efecto democratizante en la vida de la iglesia. ¿Es pura coincidencia que el hablar en lenguas haya acompañado frecuentemente a una renovada visión para ministrar entre los seculares?[14]

La evidencia inicial en la teología pentecostal de Wolfgang Vondey

Wolfgang Vondey ha obtenido una notable atención últimamente. Se trata de un teólogo pentecostal clásico emergente. Considerado por sus colegas como uno de los teólogos más brillantes actualmente, el Dr. Vondey se ha dedicado al estudio sistemático de la fe pentecostal. Sus libros, específicamente *Teología Pentecostal,* han sido recibidos con mucho entusiasmo por los lectores latinos. No es de extrañar, ya que Vondey es uno de los expertos del pentecostalismo más respetados del momento. Nacido en Alemania en 1967, ha estudiado en diferentes escuelas que le han facilitado una visión enriquecida del

---

[14] William Menzies y Robert Menzies, *Espíritu y poder: Fundamentos de una experiencia pentecostal* (Miami, FL: Editorial Vida, 2004), Capítulo 8. Kindle.

mundo teológico. Entre sus múltiples títulos resalta su Ph.D. en Teología y Ética por la Universidad Marquette. Vondey actualmente ocupa la cátedra de teología cristiana y la dirección del Centro de Estudios Pentecostales y Carismáticos de la Universidad de Birmingham, posición que alguna vez también dirigió el Walter Hollenweger.

Vondey tiene opiniones muy parecidas al pentecostalismo clásico, particularmente con el pentecostalismo clásico del evangelio completo o quíntuple.[15] De hecho, este se describe a sí mismo como "un teólogo sistemático de formación clásica con un doctorado en el campo de la teología sistemática y la ética."[16] La propuesta general de Vondey trata de presentar una versión constructiva del pentecostalismo tradicional mientras analiza el progreso del pentecostalismo global. Asegura que no debemos pensar de forma restrictiva de este como si existiera una sola clase, sino que deberíamos considerar el pentecostalismo más ampliamente, sin diluir su identidad. De ahí su controversial libro *Beyond Pentecostalism*[17] y, también, aunque brevemente, su *Teología pentecostal,*[18] publicada al español en 2019 por Publicaciones Kerigma.

Ahora bien, sería erróneo pensar que Vondey sostiene una perspectiva clásica del hablar en otras lenguas como evidencia inicial del pneuma bautismo. Para comenzar, no creo que esté especialmente interesado en el tema. Para continuar, las aspiraciones ecuménicas de Vondey le limita defender convicciones radicales sobre asuntos no 'cruciales' hacia el pentecostalismo global. Con todo, Vondey ha hablado al respecto en todos sus libros más importantes y ha dedicado partes considerables de sus artículos y ensayos a profundizar un poco más en el tópico. Especialmente,

---

[15] Según Bryan Spinks, Vondey "escribe desde la tradición pentecostal de la Iglesia de Dios". Bryan Spinks, *Do this in Remembrance of Me: The Eucharist from the Early Church to the Present Day* (Londres, Inglaterra: SCM Press, 2013), p. 426.

[16] University of Birmingham "Profesor Wolfgang Vondey, MA, MDiv, PhD", Department of Theology and Religion, recuperado el 23 de Septiembre de 2022, *https://www.birmingham.ac.uk/staff/profiles/tr/vondey-wolfgang.aspx*.

[17] Wolfgang Vondey, *Beyond Pentecostalism: The crisis of global Christianity and the renewal of the theological agenda* (Grand Rapids, MI: Wm. B. Eerdmans Publishing, 2010).

[18] Wolfgang Vondey, *Teología pentecostal: Viviendo el evangelio completo* (Salem, OR: Publicaciones Kerigma, 2019).

estoy pensando, además de los libros que he dicho en el párrafo anterior, en el libro *Pentecostalism: A Guide for the Perplexed,*[19] y especialmente en ensayos como "Glossolalia" del *Global Dictionary of Theology*[20] y en artículos como "Pentecostalism as a Theological Tradition," este último, por cierto, publicado muy recientemente en 2020.[21]

Podemos comenzar entendiendo la posición de Vondey sobre la evidencia inicial en *Beyond Pentecostalism,* el primer libro controvertido que obtuvo atención internacional. En este, demuestra suficiente conciencia sobre la doctrina de la glosolalia y así, de la evidencia inicial. Para Vondey, esta es una de las doctrinas más separativas del pentecostalismo clásico. Opina que:

> La adopción de la doctrina del bautismo del Espíritu solidificó la glosolalia como la primera expresión de la identidad teológica del movimiento de avivamiento... los debates internos a menudo estuvieron dominados por la cuestión de la primacía de la glosolalia, expresa en el lenguaje performativo de la evidencia inicial. A larga escala, sin embargo, todo el debate también afectó a la percepción ecuménica y a la integración del pentecostalismo en el panorama teológico a principios del siglo veinte.[22]

También describe que esta convicción está asociada directamente con el pentecostalismo clásico. Y, aunque no lo afirma explícitamente si está de acuerdo con ella y, tampoco parece contradecirla.

En un trabajo más amplio y directamente enfocado con la glosolalia,[23] Vondey estará más abierto para ofrecer una descripción más vinculativa a su propia teología. Nos comienza explicando que

---

[19] Wolfgang Vondey, *Pentecostalism: A Guide for the Perplexed* (Londres, Inglaterra: Bloomsbury T&T Clark, 2013).

[20] William Dyrness y Veli-Matti Kärkkäinen (eds.), *Global Dictionary of Theology: A Resource for the Worldwide Church* (Westmont, IL: InterVarsity Press, USA, 2008), Glosolalia, Kindle.

[21] Wolfgang Vondey, "Pentecostalism as a Theological Tradition", *Pneuma* 42. 3-4 (2020), pp 521-35.

[22] Vondey, *Beyond Pentecostalism*, p. 210.

[23] Wolfgang Vondey, "Glosolalia," en William Dyrness y Veli-Matti Kärkkäinen (eds.), *Global Dictionary of Theology: A Resource for the Worldwide Church* (Westmont, IL: InterVarsity Press, USA, 2008), Glosolalia, Kindle.

la glosolalia no es realmente una práctica exclusiva del pentecostalismo, sino algo también observable en otras religiones y escenarios. Sin embargo, cuando se trata del entendimiento pentecostal de la misma, no podemos pensar centralizadamente de ella. De hecho, Vondey apoya que hay diferentes perspectivas 'pentecostales' sobre esto. Va más allá al pretender que existe una recepción ecuménica de la glosolalia en las grandes tradiciones cristianas como el catolicismo y el luteranismo.[24] Una vez más Vondey no se compromete con ninguna visión en particular de la evidencia inicial porque, como he dicho antes, en realidad su posición al respecto es precisamente observacional e interesadamente, ecuménica.

Ahora bien, esto no significa que en realidad Vondey no desarrolle una postura en particular de hablar en otras lenguas. Fácilmente podemos entender de sus múltiples obras, que considera vigente el don y la experiencia carismática de hablar en otras lenguas como parte del bautismo del Espíritu, que la considera una doctrina cardinal al pentecostalismo clásico y extensiva al pentecostalismo global y que, efectivamente, que no se trata de la única manifestación en la que debamos enfocarnos. Lo cierto es que Vondey está proponiéndonos una visión renovada sobre hablar en otras lenguas. Desde una reformulación terminológica de 'evidencia' hasta la resignificación teológica de la glosolalia. De esto nos habla en su *Teología pentecostal:* "Como manifestación y signo físico, el hablar en otras lenguas no puede ser considerado un sacramento en sí mismo, sino que debe ser visto como el entendimiento visible y audible de la práctica sacramental, el cual es el bautismo en el Espíritu Santo."[25]

A modo de conclusión: Una propuesta particular entre las posturas de Macchia y Vondey

He hablado sucintamente sobre los puntos de vista de Frank Macchia y Wolfgang Vondey sobre el hablar en lenguas como evidencia inicial del bautismo del Espíritu Santo. Se puede decir con certeza de que en general, ambos autores tienen una teología bastante contigua sobre la glosolalia. Incluso desde su posición ecuménica, Vondey

---

[24] Vondey, "Glosolalia" en *Global Dictionary of Theology*, p. 626.

[25] Vondey, *Teología pentecostal*, p. 107.

considera que existe una manera en la cual se puede entender hablar en lenguas como evidencia inicial del bautismo en el Espíritu.[26] E incluso Macchia, desde su posición moderada, considera posible la posibilidad de construir un pentecostalismo global.[27] De forma concreta, ambos pensadores creen en la glosolalia como experiencia inicial, ambos pensadores piensan mejor en esta experiencia como una 'señal' más que como una evidencia y ambos pensadores opinan que debemos pensar de forma más holística sobre este don sobrenatural.

Ahora, con esto no quiero afirmar que los dos pensadores son indistinguibles sobre sus puntos de vista. Yo diría que son más bien, 'compensativos', o complementarios, como se suele decir. Así, por ejemplo, aunque ambos creen que hablar en lenguas es una manifestación inicial del bautismo en el pentecostalismo clásico, solo Macchia parece estar comprometido intelectualmente con eso. Y, aunque ambos crean que debemos usar otra terminología para referirnos a esta manifestación, solo Macchia está proponiendo directamente un término, mientras que Vondey parece oscilar entre algunos que van desde señal hasta signo sacramental. Finalmente, aunque ambos proponen que debemos superar los paradigmas religiosos tradicionales del hablar en otras lenguas, es Vondey el que ofrece un camino teológico para hacerlo, mientras que Macchia está más interesado en explicar las deficiencias al respecto. En otras palabras, mientras que Macchia nos dice que debemos abandonar esa forma de pensar, Vondey nos aclara de qué forma de pensar debemos emigrar.

Yo personalmente suelo pensar como lo hace Macchia al respecto de la glosolalia, aunque me parece que la propuesta de Vondey es más vanguardista. Para comenzar, estoy casi convencido que el hablar en otras lenguas debe ser la 'manifestación' inicial del bautismo en el Espíritu. Me baso, para sostener esto en la evidencia bíblica que podemos establecer mediante la hermenéutica paradigmática expuesta por Roger Stronstad y Bill Menzies sobre el libro de Hechos. Además, creo que esta doctrina tiene una función apologética en el desarrollo histórico del pentecostalismo occidental.

---

[26] Vondey, *Teología pentecostal*, p. 106.

[27] Macchia, *Bautizado en el Espíritu*, 180-91.

En la Iglesia de Dios, por ejemplo (y también tengo entendido que sucedió lo mismo en las Asambleas de Dios), hablar en lenguas era una forma de 'ver' lo que podríamos considerar el bautismo del Espíritu con otra clase de manifestación religiosa o carismática.

Asimismo, estoy de acuerdo que la terminología usual de 'evidencia' no es exactamente fina sobre esta manifestación. En este sentido, creo que Macchia acierta al evaluar los defectos del término, sin embargo, me parece que su argumento de que el término no es bíblico es débil. A partir de aquí me uno más con Vondey, ya que esta manifestación no está teológicamente vinculada con una 'evidencia' sino más bien con otra finalidad.

Finalmente, sobre pensar en que esta manifestación va más allá de sus establecimientos legales y denominacionales me parece una opción correcta. En verdad me parece una deshonestidad académica reducir institucionalmente una experiencia tan rica como el bautismo de Espíritu. Estoy seguro de que los cánones denominacionales de hablar en otras lenguas están limitando fuertemente la comprensión de esta actividad particular del Espíritu Santo. Ahora, debo reconocer que he pensado poco al respecto de las extensiones de la glosolalia más allá de las que he mencionado arriba. Hasta ahora, me he dedicado a fundamentar mi convicción sobre este don y aclarar mis dudas emergentes mientras van surgiendo. Esta lectura comparativa, me invita, a dedicar algunos de mis estudios a entender los horizontes del tema. Hasta aquí, sin embargo, estoy seguro de que Vondey y Macchia tienen mucha razón sobre los errores que hemos cometido como pentecostales al pensar legalistamente sobre el don de hablar en otras lenguas.

REFLEXIÓN LITÚRGICA

UN ENFOQUE HOLÍSTICO PENTECOSTAL

WILLIAM SOTO ORTIZ

Introducción

La liturgia pentecostal ha sido un objeto de estudio y de crítica tanto por los simpatizantes como los detractores del pentecostalismo. Al escuchar la palabra liturgia, a muchos le llega a la mente una imagen escenográfica de la Iglesia Ortodoxa Oriental Tradicional. Con esta imagen en mente, seguramente se les hace difícil reconciliar la liturgia tradicional con la liturgia pentecostal, llegando a la conclusión que los Pentecostales no tienen liturgia.

La idea de que la Iglesia Pentecostal no tiene liturgia no tan solo es predominante en las iglesias tradicionales, sino que también es la opinión de algunos adeptos del pentecostalismo actual. En un esfuerzo por desasociarse del Catolicismo Romano y el Protestantismo formal, los pentecostales han marginado el uso de los términos liturgia y ritos y, en muchos contextos, hasta lo han tildado como algo anti espiritual. De esto escribe Donna Seamone, señalando que los pentecostales insisten en la primacía de la adoración (la experiencia de lo divino) en y entre el cuerpo de cristianos, por encima y en contra del dogma y el ritual. Haciendo esto, el pentecostal ha reaccionado en contra del 'formalismo' del protestantismo tradicional y en contra del ritualismo Católico Romano.[1]

Una definición generalizada del término sustantivo 'liturgia' es el 'culto de la iglesia'. En su sentido más etimológico, el término liturgia viene de la palabra griega transliterada *leitourgia* que combina las palabras *leiton* y *ergon* para 'gente' y 'trabajo'.[2] Esto ha llevado a algunos a concluir que significa 'el trabajo de la gente'. Sin embargo, en un sentido más estricto significa, 'obras públicas'. En el contexto sociocultural grecorromano secular, describía el deber de los ciudadanos de participar en obras que eran de beneficio para la comunidad. En el uso más coloquial, llegó a significar, cualquier servicio hecho para beneficiar alguien.

En la Septuaginta, la palabra se usó para describir el servicio de los sacerdotes y levitas en su trabajo religioso. Cuando la Iglesia comenzó a trazar paralelos entre el liderazgo cristiano y los sacerdotes del Antiguo Testamento, la palabra fue tomada de su contexto veterotestamentario y agregada a las reuniones cristianas, conocidas en español como cultos. El término tomo un nuevo matiz cuando el protestantismo comenzó a propagar la teología del 'sacerdocio universal' en el siglo XVI. "Como fenómeno religioso, la liturgia representa una respuesta comunitaria y una participación en lo sagrado a través de actividades que reflejan predicaciones, alabanzas, acciones de gracias, meditación, súplica y/o arrepentimiento."[3] El culto establece una base para practicar una relación con Dios, participando en una acción combinada con lo divino.

En este artículo, abordaremos algunos temas y perspectivas que tiene que ver con la liturgia pentecostal.

Una de las críticas más vocalizadas de nuestros hermanos de tradición reformada, dentro de nuestro contexto latino, es con relación al *ethos* y al *pathos* del culto pentecostal. Los pentecostales han sido vistos como emocionalistas, fanáticos, sensacionalistas y

---

[1] Donna Lynne Seamone. "Pentecostalism: Rejecting Ritual Formalism and Ritualizing Every Encounter." *Journal of Ritual Studies* 27.1 (2013), pp. 73–84. http://www.jstor.org/stable/44368866.

[2] Lina Fernanda Pino Caro, "La importancia del canto en la celebración litúrgica", *Grafías* 41 (Abril-Junio, 2018), pp. 55-65.

[3] Kale Feeney, "¿Qué Es Una Liturgia?" *Examinar.NET* (12 de agosto, 2022), accesado 22 de febrero, 2023, *https://examinar.net/que-es-una-liturgia/*.

desordenados. No obstante, a pesar de esas críticas desdeñosas, el teólogo suizo Walter Hollenweger salió a la defensa de los pentecostales, argumentando que la contribución más importante del pentecostalismo a la tradición cristiana ha sido en el campo de la liturgia y la predicación.[4]

Aquí, analizaremos cuán lejos o cuán cerca estamos de la palabra de Dios en relación con nuestros cultos pentecostales corporativos. Seremos honestos sobre nuestro entorno eclesiástico y ofreceremos una propuesta práctica para continuar dándole forma a nuestros cultos pentecostales, de acuerdo con la praxis neotestamentaria. No buscamos crear algo nuevo, lo importante aquí sería reorientar el enfoque para poder dar continuidad y conectividad a la liturgia fundamentada en las Sagradas Escrituras. El movimiento pentecostal siempre ha buscado regresar a la Iglesia del Nuevo Testamento, la Iglesia Primitiva. Según Hollenweger, los Pentecostales están tratando de volver a la iglesia del Nuevo Testamento, y la entienden como el "ejército redimido por la sangre", la "iglesia de los regenerados" y "los guiados por el Espíritu Santo".[5]

En la primera parte, dialogaremos sobre las prácticas y costumbres del culto pentecostal en nuestro contexto latinoamericano. Brevemente abordaremos algunos temas teológicos como la glosolalia, los dones del Espíritu Santo y la eclesiología. En la segunda parte, haremos un breve análisis exegético de 1ra Corintios capítulos 12-14, acentuando principios prácticos que servirán para justificar el desarrollo de un culto pentecostal más bíblico y teológicamente balanceado. Finalmente, daremos una breve conclusión que resumirá los hallazgos, principios de este estudio y ofreceremos una propuesta para la contextualización de la liturgia pentecostal.

El culto pentecostal contextual

Hablar del culto pentecostal es un tema bastante complejo ya que no hay un consenso universal sobre el orden, programa y estructura del culto. Cada congregación tiene sus formas particulares de celebración. Es precisamente por esa razón que las iglesias

---

[4] Walter J. Hollenweger, *The Pentecostals: The Charismatic Movement in the Churches* (Minneapolis, MN: Augsburg Pub. House, 1972), p. 466.

[5] Hollenweger, *The Pentecostals*, p. 424.

tradicionales no consideran el culto pentecostal como litúrgico, hablando en un sentido más formal y estricto. Aún más, con sólo mencionar el término 'liturgia pentecostal', estos críticos rechinan sus dientes.

Para los eruditos que trabajan en este campo, durante mucho tiempo se supuso que la liturgia se basaba en el texto bíblico y en fórmulas observadas al pie de la letra. Dado que el culto pentecostal no practica ninguno de estos, se considera que está fuera del ámbito de interés litúrgico y fuera del alcance de los métodos y categorías de estudio de esta disciplina que se deriva del culto sacramental Católico Romano. Pero según Hollenweger, pensar que la liturgia pentecostal es una contradicción de términos por ser un culto espontáneo y participativo en libertad, muestra hasta dónde se ha alejado nuestra comprensión de la liturgia del Nuevo Testamento con relación al orden apropiado de adoración.[6]

El hecho de no tener una liturgia escrita y/o formal no significa que las iglesias pentecostales carecen de liturgia. Es inconcebible pensar que haya tradiciones que opinan esto, simplemente porque el *ethos* y el *pathos* del culto pentecostal sea más dinámico, espontáneo e intenso. Acá es necesario establecer que la sensibilidad, espontaneidad y el entusiasmo es parte de la naturaleza de la espiritualidad pentecostal. Al respecto, Steven J. Land señala que la espiritualidad pentecostal no es simplemente cualquier otra forma de experiencia exuberante o avivamiento, sino la expresión viva de la relación personal del individuo y de la comunidad en la historia bíblica de Dios actualizada en la persona de Jesucristo y hecha realidad por el Espíritu Santo.

Los pentecostales creen con toda firmeza que Dios está dirigiendo el culto mediante la presencia participativa del Espíritu Santo y, ¿quién se podrá quedar estático ante la presencia de un Dios tan glorioso y presente en el culto? El salmista dijo en el Salmo 114,

> Las montañas saltaron como carneros, los cerros saltaron como corderitos. ¿Qué te pasó, mar, que huiste, y a ti, Jordán, que te volviste atrás? ¿Y a ustedes montañas, que saltaron como carneros? ¿Y a ustedes cerros, que saltaron como ovejas? ¡Tiembla, oh tierra,

---

[6] Walter J. Hollenweger, *Pentecostalism: Origins and Developments Worldwide* (Grand Rapids, MI: Baker Academic, 2015), p. 269.

ante el Señor, tiembla ante el Dios de Jacob! ¡Él convirtió la roca en un estanque, el pedernal en manantiales de agua!

En el salmo 114 también la tierra es convocada como un adorador asombrado, "Ante la presencia del Señor tiembla la tierra, ante la presencia del Dios de Jacob, quien convirtió la peña en estanque de aguas y en fuente de aguas la roca" (Sal 114:4-8). A lo largo del salmo, la tierra se personifica como un adorador modelo, obedeciendo el mandato del Señor. Si la naturaleza responde a la presencia de Dios ¿cómo no responderemos nosotros? Miguel Álvarez señala que la obra del Espíritu Santo en el individuo afecta el comportamiento, las actitudes y las emociones, que parecen ser formas de conectar a la humanidad con la actividad divina.[7]

Los pentecostales celebramos nuestros cultos de la misma manera que amamos a Dios. Un escriba le preguntó a Jesús: ¿Cuál es el primer mandamiento de todos? A esto Jesús le respondió: "Oye, Israel. El Señor nuestro Dios es el único Señor… Ama al Señor tu Dios con todo tu corazón, con toda tu alma, con toda tu mente y con todas tus fuerzas" (Mar 12:29-30 NVI).

El amor es la razón del culto pentecostal, amamos a Dios y nos entregamos completamente a él, en adoración, porque él nos amó primero y se entregó por nosotros. En la liturgia pentecostal, encontrarás este cuadrángulo de dimensiones en acción. Álvarez, dice que el pentecostal utiliza las emociones y sentimientos humanos atribuidos a la acción del Espíritu Santo en sus vidas, particularmente durante el culto, implementando diversas formas de actividad humana para afirmar su experiencia con el Espíritu Santo.[8] El culto pentecostal se celebra con pasión, afecto, intelecto y corporalidad. A esta actividad, Land la describe como la integración de las creencias, afectos y acciones (ortodoxia, ortopatía, ortopraxis).[9]

---

[7] Miguel Álvarez, *Theology of Mission* (Cleveland, TN: CPT Press, 2021), p. 93.

[8] Álvarez, *Theology of Mission*, p. 92.

[9] Steven J. Land, *Pentecostal Spirituality: A Passion for the Kingdom* (Cleveland, TN: CPT Press, 2010), p. 116.

Cuadrángulo Dimensional del Culto Pentecostal

Amar a Dios con Todo tu Corazón: La Pasión en el Culto Pentecostal

Cuando hablamos de pasión, nos referimos a una emoción o un deseo impulsante. La pasión en el culto pentecostal es el intenso entusiasmo o deseo imperioso que se siente y se muestra antes, durante y después del culto. El apóstol Pablo le escribió a la iglesia de Colosas diciéndole: "Y todo lo que hagáis, hacedlo de corazón, como para el Señor y no para los hombres" (Col 3:23 RVA 1960). El pentecostal no llega al culto para adorar y celebrar a Dios, viene desde su lugar de origen, ya sea su casa, trabajo o mercado, adorando y celebrando a Dios. Esa pasión se une con una comunidad de creyentes apasionados para formar un culto celebrativo y muy contagioso.

La raíz de la pasión del culto pentecostal es producto de su conciencia soteriológica. El salmista escribió: "Devuélveme la alegría de tu salvación" (Sal 51:12 NVI). Ese conocimiento que el pentecostal tiene de su propia existencia y de su estado nuevo en Cristo Jesús lo impulsa a celebrar con gratitud la salvación que ha recibido por gracia. Land señala:

> …los pentecostales dan gracias por lo que Dios hizo a través de la historia bíblica para crear, llamar, entregar y preservar a un pueblo para la comunión divina… Todo lo bueno, fluye del Calvario hacia sus vidas a través de las continuas acciones bondadosas de Dios que busca y salva al perdido.[10]

Por su parte, Kenneth J. Archer argumenta que la espiritualidad pentecostal temprana estaba en el proceso de desarrollar una tradición teológica experiencial soteriológica distinta, que se formó cristológicamente, que se formó pneumatológicamente y se orientó escatológicamente.[11] Con esta perspectiva en mente, es que se desarrolló el esquema teológico del evangelio quíntuple que describe

---

[10] Land, *Pentecostal Spirituality*, p. 95.

[11] Kenneth J Archer, "III International Seminar on Pentecostals, Theology and the Sciences of Religion," *III International Seminar on Pentecostals, Theology and the Sciences of Religion* (São Paulo, Brasil, 17-19 de agosto, 2016), p. 5.

la función soteriológica de Jesús: El salva, sana, santifica, bautiza con Espíritu Santo y viene otra vez.

Amar a Dios con Toda tu Alma: Los Afectos en el Culto Pentecostal

El término 'alma' en el contexto bíblico viene de la palabra griega ψυχή (psychē) que significa "aliento, el aliento de vida, la fuerza vital que anima al cuerpo y se manifiesta en la respiración, el asiento de los sentimientos, deseos y afectos."[12]

Para cumplir con el objetivo de esta presentación, nos enfocaremos en el significado del alma como "el asiento de los sentimientos, deseos y afectos" que nos sirven para describir la naturaleza del culto pentecostal. Creemos que Dios nos ha creado con alma, cuerpo y espíritu (*soma, psychē y pneuma*), lo que conocemos en la antropología teológica como tricotomía, aunque algunos creen sólo en la dicotomía del hombre (cuerpo y alma). Lo cierto es que para que nuestros cultos sean holísticos y plenos, debemos de proporcionar el espacio para la expresión de los afectos del ser humano, en el culto. No podemos suprimir los sentimientos. Si la liturgia pentecostal va a hacer un servicio participativo y un intercambio entre Dios y el hombre, no se puede amputar los afectos (sentimientos) del culto pentecostal, de otra manera el culto quedaría incompleto.

En el culto pentecostal se siente la presencia de Dios a través del Espíritu Santo. Y cuando somos sumergidos en el amor de Dios las emociones son conmovidas. En muchas ocasiones las lágrimas son incontenibles. Se crea una atmosfera de romance espiritual donde se cruza las fronteras entre lo humano y lo divino, elevando las emociones humanas al plano espiritual.

---

[12] Salem Web Network, "Psuche Meaning in Bible, New Testament Greek Lexicon, King James Version." *Biblestudytools.com. https://www.biblestudytools.com/subscribe/.* (Accesado 25 de mayo 2022)

Amar a Dios con Toda tu Mente: El Intelecto en el Culto Pentecostal

Virgil Michel[13] dijo:

> sin inteligencia, no existe tal cosa como adoración. La verdadera adoración a Dios es un ejercicio de la virtud de la religión. Esta virtud consiste en un reconocimiento de Dios como nuestro Creador y Padre y de nuestra total dependencia de él en todos los aspectos. La adoración es, pues, una prestación del debido homenaje a Dios por parte de seres inteligentes. No hay adoración sin inteligencia, sin la cualidad de la mente o de la conciencia.[14]

En nuestro contexto del culto pentecostal, el líder de alabanza y adoración fomenta esta adoración concientizada, a través de música y letras diligentemente seleccionadas. El líder de alabanza y adoración asume la responsabilidad de ambientalizar y preparar a la congregación para escuchar la palabra de Dios, predicada por el Pastor de la Iglesia.

La predicación en el culto pentecostal es fundamental. Nada debe de usurpar el lugar del Sermón. Según Pablo Jiménez, "un sermón es un discurso que expone o proclama el mensaje del evangelio. El sermón es un evento; ocurre cuando alguien presenta el mensaje cristiano ante una audiencia en el contexto de la adoración cristiana."[15] El sermón es la cumbre del culto pentecostal. Un culto pentecostal no puede llamarse culto sin la proclamación de la Palabra de Dios. A través de la predicación, la mente es nutrida con la Palabra de Verdad, la cual imparte sabiduría y produce crecimiento y

---

[13] Virgil Michel, liturgista y educador benedictino; nacido en St. Paul, Minnesota, el 26 de junio de 1890; murió en Collegeville, Minnesota, el 26 de noviembre de 1938. Hijo de Fred y Mary (Griebler) Michel, fue bautizado como George. Después de su educación en St. John's Preparatory School and University en Collegeville, se unió a la Orden Benedictina allí en 1909, pronunció sus votos solemnes el 26 de septiembre de 1913 y fue ordenado en 1916. En 1918 recibió su doctorado en inglés y una Licenciada en Teología en la Universidad Católica de América.

[14] Virgil Michel, osb, *The Liturgy of the Church* (Nueva York, NY: The MacMillan Company, 1937), p. 3.

[15] Pablo A. Jimenez, Seguir Associate Dean. "Vocabulario Básico De Homilética y predicación." SlideShare Uma Empresa Scribd. *https://pt.slideshare.net/drpablojimenez/vocabulario-de-predicacion,* (Accesado 25 de mayo, 2022).

transformación espiritual. El apóstol Pablo le escribió al joven Timoteo:

> Pero persiste tú en lo que has aprendido y te persuadiste, sabiendo de quién has aprendido; y que desde la niñez has sabido las Sagradas Escrituras, las cuales te pueden hacer sabio para la salvación por la fe que es en Cristo Jesús. Toda la Escritura es inspirada por Dios, y útil para enseñar, para redargüir, para corregir, para instruir en justicia, a fin de que el hombre de Dios sea perfecto, enteramente preparado para toda buena obra (2 Tim 3:14-17. RVA 1960).

Amar a Dios con Toda tu Fuerza: La Corporalidad en el Culto Pentecostal

El cuerpo físico participa de la adoración y espiritualidad pentecostal. En el culto pentecostal se desarrolla una corporalidad semiótica que muchas veces se convierte en un lenguaje indecible de amor. Edward Phillips y Tanya Riches escriben que:

> para los pentecostales, la adoración es un compromiso participativo de todo el cuerpo con Dios. Las características comunes del pentecostalismo, como el hablar en lenguas, la sanidad divina y las señales milagrosas, manifiestan la presencia de Dios, como un encuentro encarnado, participativo y extático con el Espíritu Santo.[16]

Todo el cuerpo responde a la presencia de Dios. En el culto pentecostal, las manos se levantan y se baten en la presencia de Dios, las manos son usadas como instrumentos para aplaudir al ritmo de la música, para celebrar, orar y ministrar. El apóstol Pablo le da instrucciones a Timoteo y le dice: "quiero que en todo lugar los hombres oren levantando manos santas, y sin ira ni contiendas."[17]

La danza o el baile celebrativo es también una práctica común en muchos cultos pentecostales. Aunque la danza celebratoria de la iglesia contemporánea tiene un origen judeocristiano, en las iglesias pentecostales afro descendientes, existe una danza celebratoria que le llaman *shouts,* que son manifestaciones musicales religiosas de origen

---

[16] L. Edward Phillips & Tanya Riches (2018) "Pentecostal Worship: Introduction", *Liturgy* 33:3, 1-3, DOI: 10.1080/0458063X.2018.1448660

[17] 1 Timoteo 2:8 RVR1960.

africano, que se adoptaron como una forma de danzas litúrgicas. Estas danzas han trascendido a muchas iglesias pentecostales de diferentes etnias. El pentecostalismo latinoamericano tiene muchas influencias expresivas y musicales africanas y afrocaribeñas. Esta adoración movida, corpórea y expresiva es una de ellas. En el culto pentecostal siempre encontrarás una oportunidad de adorar y celebrar libremente.

Liturgia Pentecostal Sacramental

Hay una serie de ordenanzas sagradas que también practican los pentecostales porque reflejan la tradición bíblica. Los sacramentos del bautismo en agua, la Cena del Señor, el lavatorio de los pies y la unción, con la imposición de manos.

El cuadrángulo dimensional del cual hemos hablado trasciende a lo sacramental de la liturgia pentecostal. Central a la espiritualidad pentecostal está una 'teología de encuentro' que acentúa una experiencia consciente de la presencia divina.[18] R.J Boone señala que los pentecostales han creado un ámbito ritual específico propicio para el encuentro divino-humano. En este campo ritual, los elementos del culto pentecostal forman y configuran la identidad y la espiritualidad pentecostal. Los ritos litúrgicos de la congregación pentecostal dramatiza el *ethos* teológico de la comunidad en adoración.[19] En la participación de los sacramentos de la Iglesia, el pentecostal trae a memoria, reflexiona y muchas veces revive su experiencia soteriológica en Cristo Jesús, trayendo así, una profunda apreciación emocional y un intercambio entre lo humano y lo divino. En los sacramentos del culto pentecostal, encontrarás solemnidad ceremonial, en reverencia a lo sacro-divino pero a la misma ves, espontaneidad y libertad en la participación holística humana.

En resumen, diríamos que el culto pentecostal encarna la totalidad del amor de Dios y el amor a Dios (corazón, alma, mente y fuerzas). Nuestra liturgia es apasionada, afectuosa, intelectual y corporal.

---

[18] Dale M. Coulter, "Surprised by Sacraments: Dale M. Coulter," *First Things*, accesado 16 de febrero, 2023, *https://www.firstthings.com/blogs/firstthoughts/2013/11/surprised-by-sacraments*.

[19] R.J. Boone, "Community and Worship: The Key Components of Pentecostal Christian Formation," *Journal of Pentecostal Theology* 4, no. 8 (1996), pp. 135-6.

Incluimos todo nuestro ser: alma, cuerpo y espíritu en nuestra liturgia pentecostal.

Para la reflexión, creo que hay unas preguntas fundamentales que deberíamos hacernos: ¿Dónde se deberían establecer parámetros para evitar los extremos (si es que hace falta tales parámetros)? ¿Cómo mantener un balance de libre expresión sin llegar a la exageración? ¿Cómo evitar la ἀκαταστασία, el desorden?

A continuación, analizaremos el culto de la iglesia de Corinto y extraeremos principios prácticos que se debería implementar o considerar como prioritarios en el culto pentecostal. Principios tales como; el orden y sensatez del culto, la unidad en la diversidad, el amor como fundamento del culto y la profecía como prioridad del culto.

El culto en la iglesia de Corinto (1 Corintios 12-14)

El contexto de los pasajes que vamos a examinar es un poco complicado por el hecho de que no tan solo se trata de la Iglesia de Jesucristo, se trata de la Iglesia de Corinto y esa realidad exige que seamos responsables con la examinación de los textos. Lo que deseamos decir con eso es que hay elementos socioculturales de esa época, problemas específicos en la iglesia y, más aún, hay personajes concretos en el trasfondo histórico de los pasajes.

Contexto

Se cree que la carta fue escrita desde Éfeso, por el comentario que Pablo hizo con relación a quedarse en Éfeso hasta el día de pentecostés (1 Co 16:8). Probablemente fue escrita a mediados de los años cincuenta del primer siglo, durante el tercer viaje misionero de Pablo (Hch 18:1-18). Corinto era un centro de comercio, situado en el estrecho istmo entre el golfo de Corinto y el golfo Sarónico, a través del cual fluía el tráfico entre los mares Adriático y Egeo. También fue una ciudad industrial y bancaria, donde el estatus social probablemente se basaba más en la economía o logros comerciales, que en la historia familiar o conexiones de estas. El *ethos* de la ciudad no era judío, ni reflejaba los ideales superiores de la cultura grecorromana. La ciudad era de carácter cosmopolita, poseía una reputación obscena y los problemas que Pablo enfrentó en Corinto lo confirman.

La comunidad eclesiástica de Corinto estaba fragmentándose. Había divisiones, rivalidades, celos, envidias, inmoralidades sexuales, abusos de poder e idolatría. Su mala fama estaba amenazando la estabilidad de la iglesia. Pablo tomó bastante tiempo para confrontar a la iglesia sobre todos los asuntos morales, éticos, sociales y aún, matrimoniales, en los capítulos del uno al once. Pero a pesar de todas estas negatividades, la iglesia de Corinto abundaba en dones espirituales (1 Co 1:7) y en el capítulo 12, Pablo comienza a darle forma y estructura al culto corporativo de la iglesia.

Unidad y Diversidad en el Culto

"Porque así como el cuerpo es uno, y tiene muchos miembros, pero todos los miembros del cuerpo, siendo muchos, son un solo cuerpo, así también Cristo" (1 Co 12:12).

En el capítulo 12, el apóstol Pablo se dirige al tema de los dones del Espíritu. Su objetivo principal es que la iglesia entienda que los dones, ministerios y operaciones provienen de Dios y de Jesucristo a través del Espíritu. Es por lo que vemos en el versículo 1 y en el 4 que Pablo usa dos términos que describen el origen y la naturaleza de los dones. En el versículo 1 dice que son "dones espirituales" (*pneumatikos*), pertenecientes al Espíritu Santo. En el verso 4, para 'don', emplea la palabra griega *charisma,* un favor con el que uno recibe sin ningún mérito propio. "La expresión 'charismata' que Pablo emplea, pone el énfasis en el carácter divino de los dones."[20] Para Pablo era importante que la Iglesia no se apropiara de manera incorrecta de los 'dones espirituales' ni que tampoco se llenaran de orgullo o jactancia por tener algún don.

Pablo usa tres veces la palabra 'diversidad' del griego *diairesis* que significa, distinción o diferencia. Y a través de sus enseñanzas y analogías, destacó el principio de la unidad en la diversidad. Los dones, ministerios y operaciones son para unificar y edificar a la iglesia. Para Pablo, la Iglesia es el Cuerpo de Cristo (v. 12) y el bautismo del Espíritu Santo coloca a cada creyente en el cuerpo de Cristo para funcionar de una manera particular (v. 13). Hay un solo cuerpo pero muchos miembros. Los miembros del cuerpo de Cristo

---

[20] Kwabena J. Asamoah-Gyadu. "Signs of the Spirit: Worship as Experience." En Pentecostalism in Africa: Experiences from Ghana's Charismatic Ministries, 9–16. 1517 Media, 2020, p.14.

funcionan en el cuerpo de Cristo, o sea, la Iglesia (vv. 14-27). Por ejemplo, Daniel A. Madigan escribió:

> Si la comunidad cristiana ha de ser entendida como el Cuerpo de Cristo, y si Cristo es la Palabra de Dios encarnada, entonces se espera que la comunidad cristiana, cuando es fiel a sí misma, sea una especie de encarnación continua. Tiene la misión de expresar esa misma Palabra de una manera corporal, no meramente por lo que dice, sino también por cómo vive el amor de Dios que se encarnó en Jesucristo: amando, sirviendo con humildad, sanando, alimentando, liberando y reconciliando.[21]

El Amor como Fundamento del Culto (1 Corintios 13)

"Mas yo os muestro un camino aún más excelente" (1 Co 12:31).

El camino "más excelente" al que se refiere Pablo es el del amor, algo más que un don espiritual. El amor valida todos los dones espirituales así como la falta de amor haría lo contrario. El capítulo 13 fue un interludio muy necesario para Pablo con relación a la liturgia de la Iglesia. El amor debe ser siempre el punto de partida de todo ministerio. Así como Dios amó al mundo y dio su Hijo Unigénito, la Iglesia debe de encarnar ese mismo amor para ministrar la presencia de Dios. Pablo escribió unas expresiones bastante fuertes en contra de aquellos que se jactaban de poseer dones del Espíritu, mas no manifestaban el Amor de Dios. El hablar en lenguas sin tener amor es "como metal que resuena, o címbalo que retiñe" (v. 1). Si tengo el don de profecía, de ciencias, conocer misterios y de fe sin tener amor, Pablo dice: "nada soy". La Iglesia puede ser benevolente, dar de comer a los pobres, servir a la comunidad pero si no tiene amor, "de nada sirve". Nuestros cultos pueden ser exuberantes, pomposos, animados y 'fogosos', pero si el amor no es el fundamento ni el punto de partida, estamos tirando dardos en la oscuridad. La grandeza del culto pentecostal es el amor de Dios expresado y manifestado en y a través de los creyentes. Los dones serán

---

[21] Daniel A. Madigan y Archbishop Rowan Williams, "The Body of Christ: 1 Corinthians 11:23–27 and 12:12–13, 27." En *Communicating the Word: Revelation, Translation, and Interpretation in Christianity and Islam*, editado por David Marshall (Washinton D.C.: Georgetown University Press), p. 84.

instrumentos útiles de edificación siempre y cuando fluyan de un corazón lleno del amor de Dios.

La Profecía como prioridad del Culto

"...pero sobre todo que profeticéis" (1 Co 14:1). En este capítulo se destaca el lugar prioritario de la profecía en el culto cristiano. El término profecía en este contexto viene del griego *prophēteuō*, profetizar, hablar un mensaje inspirado, a veces alentando la obediencia a Dios, a veces proclamando el futuro como una advertencia para la preparación y la obediencia continua. En palabras más sencillas significa, hablar la Palabra de Dios. A diferencia de hablar en lenguas, que en este contexto, es esencialmente la comunión de un individuo con Dios, el ministerio profético es aquel que edifica, levanta, exhorta y consuela. Las actividades del culto descritas por Pablo tenían implicaciones tanto verticales como horizontales, estaban dirigidas hacia Dios por un lado y hacia la comunidad por el otro. Cuando la ministración en el culto toca a otros, siempre son edificados y el propósito del Cuerpo de Cristo se cumple.[22]

Pablo argumenta que el hablar en lenguas sin interpretación no edifica a la Iglesia o a los oyentes inconversos, sólo el individuo que las habla es edificado. Para este argumento, él usa una serie de analogías tales como; si alguien habla en un lenguaje no conocido los oyentes no entenderán, los instrumentos musicales producen diferentes sonidos para ser distinguidos y si la trompeta no se toca con claridad una nación no podrá prepararse para la guerra. Vemos en este texto que la experiencia espiritual no se auto autentifica. Uno no puede defender una práctica espiritual en la iglesia simplemente porque la encontramos apasionante o emocionante. Otra forma de decirlo es que la madurez espiritual no es centrada en uno mismo. La verdadera marca del crecimiento espiritual es la preocupación por los demás. De modo que los creyentes deben buscar lo que edificará a otros.[23] El resultado del papel profético en la iglesia es que eleva la

---

[22] Asamoah-Gyadu, "Signs of the Spirit: Worship as Experience." En *Pentecostalism in Africa*, p. 14.

[23] Thomas R. Schreiner, Nicholas Perrin, y Eckhard J. Schnabel, *1 Corinthians: An Introduction and Commentary* (Chicago: InterVarsity Press, 2018), p. 411.

conciencia de la persona para comprenderse a sí misma, como sujeto del proceso histórico, con el potencial de transformar a la comunidad.[24]

Creo que es importante subrayar que Pablo no estaba en contra el hablar en lenguas, él estaba en contra del desorden en el culto, el sensacionalismo y el mal uso de los dones. Del versículo 26 en adelante él intenta crear un sistema en el culto que no sea monótono ni repetitivo, pero a la misma vez, estructurado y ordenado. Terminando con la exhortación: "Así que, hermanos, procurad profetizar, y no impidáis el hablar lenguas; pero hágase todo decentemente y con orden" (vv. 39-40).

Resumen

Es importante destacar que la Iglesia de Corinto era relativamente nueva, había una falta de experiencia y de conocimiento que se evidenciaba a través de su comportamiento. Además de haber problemas de carácter pecaminosos, también había problemas socioculturales y litúrgico-eclesiales. En este artículo sólo nos hemos enfocado en los litúrgico-eclesiales.

A continuación, ofreceremos una breve conclusión, subrayando algunos principios aplicables al culto pentecostal en nuestro contexto.

Conclusión

Después de haber analizado el culto pentecostal en nuestro contexto y el culto de la Iglesia de Corinto, creo que es importante subrayar algunas similitudes. Al mirarnos en el espejo de la Iglesia de Corinto, debemos reflexionar sobre nuestra realidad litúrgica-eclesial, o como lo hemos llamado a lo largo de todo este escrito, el culto pentecostal.

(1) La Iglesia pentecostal debe siempre recordar que somos miembros del Cuerpo de Cristo. A veces existe una actitud triunfalista, creando así, una brecha divisiva en la Iglesia. Esto se ha visto en nuestro contexto, especialmente con aquellos que poseen ciertos dones del Espíritu que los lleva a creerse superior a otros creyentes. La liturgia pentecostal debe rechazar todo espíritu de

---

[24] R.J. Boone, "Community and Worship: The Key Components of Pentecostal Christian Formation", *Journal of Pentecostal Theology* 4, 8 (1996), pp. 129-42.

superioridad y prepotencia que quiera infiltrarse en el Cuerpo de Cristo. De todas las características que describen al culto pentecostal, las que se debe resaltar son la humildad y la unidad. Siempre manteniendo presente los dos términos que describen la actividad de los dones en el culto; *pneumatikos y charismas,* son regalos del Espíritu y son dados sin merecerlo.

(2) La liturgia pentecostal debe de encarnar el Amor de Dios en todas sus expresiones. El apóstol Pablo establece claramente que los dones sin amor no son efectivos. Por ejemplo, Frank Macchia escribió que "el amor nos mantiene cerca de la llama del Espíritu."[25] Para Macchia, estar llenos del Espíritu Santo es estar llenos del amor de Dios. En el culto pentecostal se puede apreciar una abundancia de dones espirituales pero se debe manifestar una sobre abundancia del amor de Dios.

(3) La liturgia pentecostal debe tener un enfoque misionológico, la predicación evangelística y la denuncia profética. El culto pentecostal que no tenga un carácter misionológico y evangelístico está incompleto. Por eso Pablo enfatizó en la coherencia dentro del culto de la iglesia. Él dijo: "Porque si bendices solo con el espíritu, el que ocupa lugar de simple oyente, ¿cómo dirá el Amén a tu acción de gracias? pues no sabe lo que has dicho. Porque tú, a la verdad, bien das gracias; pero el otro no es edificado" (1 Co 14:16-17). Igualmente el orden en el uso del don de lenguas que Pablo enseñó es con un propósito misionológico. Él dijo:

> Si, pues, toda la iglesia se reúne en un solo lugar, y todos hablan en lenguas, y entran indoctos o incrédulos, ¿no dirán que estáis locos? Pero si todos profetizan, y entra algún incrédulo o indocto, por todos es convencido, por todos es juzgado; lo oculto de su corazón se hace manifiesto; y así, postrándose sobre el rostro, adorará a Dios, declarando que verdaderamente Dios está entre vosotros (1 Co 14:23-25).

La meta final de cada culto pentecostal debe ser la proclamación del señorío de Cristo, dar a conocer los designios de Dios, edificar el Cuerpo de Cristo, discipular y enviar a hombres y mujeres a cumplir con la Gran Comisión. A esto, se le puede agregar un sin número de

---

[25] Frank D. Macchia, *Baptized in the Spirit: A Global Pentecostal Theology* (Grand Rapids, MI: Zondervan, 2009), p. 432 (versión digital).

cosas más y creo que en un futuro no muy lejano, tomaremos tiempo para seguir explorando este tema.

Finalmente, podemos decir que la liturgia pentecostal definitivamente tiene un matiz distinto a la liturgia tradicional. Sin embargo, es una liturgia con profundas raíces soteriológicas, pneumatológicas y escatológicas, que incluye un cuadrángulo dimensional de Pasión, Afecto, Intelecto y Corporalidad. Por lo tanto, creemos que la liturgia pentecostal seguirá siendo estudiada con la meta de poder articularla sistemáticamente y de una manera más consensada. Pero mientras eso llega, se seguirá expresando de una manera holística, dirigida por el Espíritu Santo y encarnada por el pueblo que ama a Dios con alma, cuerpo, mente y espíritu.

BERGER N. JOHNSEN

UN PIETISTA LUTERANO Y LAS REDES DEL MOVIMIENTO RADICAL DE SANTIDAD Y MISIÓN EN ARGENTINA

DAVID DALE BUNDY

Crónica de un misionero pentecostal noruego en Argentina: Un estudio de caso en la descolonización de la misión cristiana

Berger N. Johnsen figura de manera importante en los inicios del pentecostalismo en Argentina. Nacido en Ekeland, Staubø, Johnsen se convirtió en Den Evangelisk Lutherske Frikirke en 1905, y emigró a los Estados Unidos en 1906.[1] Este ensayo examina aspectos de los antecedentes religiosos y las redes de Johnsen, su importancia para comprender su papel como misionero Pentecostal. Explora preguntas sobre el colonialismo y la descolonización de la misión cristiana. Su historia es inseparable de la de Alice Christi Wood (1870-1961), una misionera canadiense del Movimiento Radical de Santidad

---

[1] Anónimo, "Johnsen, Berger N." *Norsk Misjonsleksikon,* ed. Fridtjov Birkeli, et al. (Oslo: Nomi Forlag/Runa Forlag, 1966), Vol. 2, col. 449; Rakel Agathe Ystebø, "La Misión Pentecostal en Embarcación: Conversiones y cambios socioculturales entre los indígenas afectados por la misión de Berger Johnsen (1916-1945)." (Tesis inédita para el título de Magister en Estudios Latinoamericano, Facultad de Humanidades, Universidad Nacional de San Martín, Buenos Aires, 2010), pp. 36-7.

(metodista-cuáquera-Alianza Cristiana y Misionera [Lo sucesivo, ACyM) que, antes de convertirse en misionera pentecostal en Argentina, sirvió en Venezuela y Puerto Rico con la ACyM.

El Período Americano: Convertirse en un misionero pentecostal

El lugar y la fecha de la conversión de Johnsen al pentecostalismo no están claros.[2] Es posible que viajara a la calle Azusa en California, pero no se han encontrado pruebas definitivas. Puede haber sido en Alliance, Ohio, donde Johnsen experimentó un llamado a la misión (1908, 19 años); asistió al Mission Training Home, fundado en 1905, de Lewi Lupton en Alliance, Ohio, pero no hay evidencia de cuándo estuvo allí.[3] El Hogar de Entrenamiento Misionero fue un centro del Movimiento Radical de Santidad en que se convirtió en pentecostal a principios de 1907, y que influyó en muchos misioneros del Movimiento Radical de Santidad y Pentecostales antes de que cerrara en 1910.[4] Allí pudo haber conocido a Wood, quien se convirtió en pentecostal en la órbita de Lupton,[5] así como a la Sra. Henriette L.

---

[2] Rakel Agathe Ystebø, "La Misión Pentecostal en Embarcación", proporciona un párrafo sin fecha escrito por Johnsen a su madre sobre su experiencia.

[3] Birger N. Johnsen, "Embarcación Salta, Argentina," *Sanningens Vittne* 11 (nov.-dic. 1921), p. 6. C. E. McPherson, *Life of Levi R. Lupton, Twentieth Century Apostle of the Gift of Tongues, Divine Healer, etc.* (Alianza, OH: C. E. McPherson, 1911), p. 107. McPherson lo enumera como "Berges Johnson, Argentine Republic." La estructura de un programa de estudio de varios meses en el Hogar de Capacitación Misionera se describe en, Anónimo, "Opening of the School," *The New Acts* 2 (12 de octubre de 1905), pp. 1-2. Sin embargo, véase, Anónimo, "Días y escenas maravillosas en el hogar misionero y de fe: el curso de capacitación de dos semanas; Dios envía un intérprete", *The New Acts* 3 (abril de 1907), p. 1; y, Anónimo, "The Training School," *The New Acts* 3 (marzo de 1908), p. 10. No está claro cuándo y cuánto tiempo estuvo Johnsen allí. Véase, Gary McGee, "Levi Lupton: A Forgotten Pioneer of Early Pentecostalism," *Faces of Renewal: Studies in Honor of Stanley M. Horton presented on his 70th birthday* ed. Paul Elbert (Peabody, MA: Hendrickson, 1988), pp. 192-208; y, *ídem, Miracles, Missions, and American Pentecostalism* (Maryknoll: Orbis, 2010), pp. 123-7, 129-30.

[4] Anónimo, "This is That," *The New Acts* 3, 1 (febrero de 1907), pp. 1-2.

[5] Alice Christi Wood, Diario, Flower Pentecostal Heritage Center, 24 de mayo de 1907, 17 de junio de 1907, 30 de octubre de 1908, 18 y 19 de diciembre de 1909 (Lo sucesivo, Wood, Diario). Por su diario, sabemos que Wood participó en varios

Kelty y su hija H. May Kelty, una es, quizás, Fannie Evans, todas las cuales también estudiaron en el Hogar de Entrenamiento Misionero y se convirtieron en misioneros en Argentina.[6]

Tanto Johnsen como Wood llegaron a Nueva York en diciembre de 1909.[7] Johnsen fue a Noruega para visitar a su familia y recaudar fondos.[8] Wood viajó al sur con los Keltys,[9] llegando a Buenos Aires el 15 de enero de 1910.[10] Parece que se había arreglado que Alice Wood recibiera un ministerio de ACyM en Gualeguaychú, Entre Ríos, Argentina, transferido a ella por un misionero de ACyM.[11] En

---

eventos y en la Reunión del Campamento de Lupton de 1909. Johnsen no aparece en el diario de Wood, durante sus tiempos en Alliance, Ohio. Wood se convirtió en fundador de la Unión de las Asambleas de Dios en Argentina.

[6] C. E. McPherson, *Life of Levi R. Lupton*, 107. McPherson escribió mal Kelty como Kelly; May se escribe Mae. Fannie Evans aparece como Carrie Evans. Hay numerosas faltas de ortografía y confusión de nombres en las listas, pp. 106-7 y en otras partes del libro. Alice Wood no se menciona en el volumen.

[7] Wood, Diario, 17 de diciembre de 1909. Johnsen es mencionado por primera vez el 18 de diciembre de 1909. Visitaron una iglesia pentecostal noruega en Brooklyn el 19 de diciembre de 1909.

[8] Berger N. Johnsen, "Embarcación. Salta, Argentina," *Sanningens Vittne* 11 (nov.-dic. 1921), p. 6; Gustav Iversen, *Blant indianere i 35 år: Berger N. Johnsens misjonarbeid i Argentina* (Sarpsborg: Bok-og Aksidenstrykkeri Johansen & Larsen, 1946), p. 3.

[9] H. May Kelty (a veces H. Mae Kelty) y su madre parecen merecer una investigación adicional. Un número significativo de cartas fueron publicadas de su tiempo en Argentina, incluyendo: H. May Kelty, "Called to South America; View of a Needy Field, April 10, 1909," *The Bridegroom's Messenger* 2, 42 (15 de julio de 1909), p. 2; *idem*, "New Missionaries in South America," *The Bridegroom's Messenger* 3, 59 (1 de abril de 1910), p. 4; *idem*, "Correspondence," *The Bridegroom's Messenger* 3, 71 (1 de oct. de 1910), p. 2; *idem*, " Notes from the Fields, South America," *Word and Work*, 32, 10 (oct. de 1910), pp. 314-5; *idem*, "From Sister May Kelty," *The Bridegroom's Messenger* 4, 82 (15 marzo de 1911), p. 1; *idem*, "Correspondence," *Latter Rain Evangel* (abril de 1913), p. 16; *idem*, "Letter," *The Bridegroom's Messenger* 7, 163 (oct. de 1914), p. 1; *idem*, "Missionary Notes," *The Bridegroom's Messenger* 8, 169 (abril de 1915), p. 3; *idem*, "Argentina, South America," *The Bridegroom's Messenger* 8, 173 (agosto de 1915), p. 3.

[10] Wood, Diario, 15 de enero de 1910.

[11] Alice Christi Wood, Diario, Wood, 6 y 23 de julio, 6 de octubre de 1909. Wil. Welch, un misionero experimentado galés y parte del equipo de misioneros de la Alianza, navegó a Argentina a fines de 1909 (Wood, Diario, el 6 de octubre de 1909). Pronto se unió al ACyM (Wood, Diario, 9 de febrero de 1910). Ver: Alice C. Wood, "More Missionaries off for South America," *Bridegroom's Messenger* 3, 50

el puerto de Buenos Aires, fueron recibidos por dos misioneros de la red ACyM, los 'Hermanos' Webb y Steward, este último el donante del proyecto del ministerio.[12] Fanny Evans llegó el 9 de junio de 1910.[13]

No está claro qué éxito tuvo Johnsen recaudando fondos, pero parece haber sido mínimo. El esfuerzo se hizo durante un período de tiempos económicos inestables cuando Noruega se estaba ajustando durante la independencia de Suecia (1905). No está claro si atrajo la atención de los líderes pentecostales noruegos, que estaban en disputa sobre cuestiones de organización de la iglesia; tanto Thomas Ball Barratt como Erik Andersen Nordquelle también participaron en misiones itinerantes en Noruega y Barratt también en Europa. Tanto Wood, como Johnsen, viajaron como misioneros autosuficientes o de fe, con pocas alternativas. No había juntas misioneras pentecostales bien financiadas en ningún país para apoyarlos.

Después de mucha expectación en Gualeguaychú, Entre Ríos, Berger Johnsen llegó a la Argentina, en agosto de 1910.[14] Según lo planeado, se ubicó con Wood y Kelty para comenzar el ministerio y, lo que es más importante, para aprender español. Su relación con Wood se volvió bastante complicada. Johnsen finalmente dejó la misión de Gualeguaychú, Entre Ríos, para trabajar con los amerindios en el Chaco del oeste de Argentina desde una base en Embarcación, provincia de Salta. Enfermó de la 'gripe española' en

---

(15 noviembre de 1909), p. 2; y, Kathleen Griffin, "Luz en Sudamérica – Los primeros pentecostales en Gualeguaychú, Entre Ríos, 1910-1917" (D.Th. Tesis, Instituto Universitario – ISEDET, Ciudad Autónoma de Buenos Aires, Argentina, 2015), p. 155, nota 519.

[12] Wood, Diario, 15 de enero de 1910; Alice C. Wood, "From South America," *The Bridegroom's Messenger* 3 (15 de mayo de 1910), p. 4.

[13] Alice Christi Wood, Diario, 15 de dic. de 1909; p. 8, 9 de junio de 1910, y, 14 de agosto de 1910. Véase, Kathleen Griffin, "Luz en Sudamérica", pp. 142, 161, 201.

[14] Anticipación verán en Alice C. Wood, "From South America," *Bridegroom's Messenger* 3, 62 (mayo de 1910), p. 4; *idem*, "Light in Dark South America," *Latter Rain Evangel* 4, 10 (julio de 1912), p. 9.

1931 y regresó brevemente a Noruega. Murió en 1945 en Argentina y fue enterrado allí.[15]

Cuestiones de colonialismo y descolonización

La historia de Johnsen (y Wood) permite examinar cuestiones de colonialismo y descolonización. El colonialismo ha sido un tema de investigación intercultural durante décadas. Gran parte de la expansión cristiana anterior fue impulsada por capitalistas y políticos que competían por dominar el comercio, los territorios y los pueblos, ayudados y apoyados por iglesias europeas y norteamericanas que buscaban desarrollar imperios espirituales cuyas sucursales casi siempre tenían características económicas.[16] Después de la Conferencia de Berlín sobre África, 1884-1885, los colonialistas nacionalistas y sus iglesias abrieron cada vez más sus fronteras al trabajo misionero de los competidores.[17] Esto coincidió con el surgimiento de grupos enfocados en la misión influenciados o creados por los Movimientos Radicales de Santidad y el Pentecostalismo en todo el mundo, pero especialmente en los Estados Unidos, el Reino Unido y Escandinavia. Estas nuevas redes misioneras se beneficiaron del espacio cultural creado por el liberalismo y la masonería, especialmente en América Latina.

Las redes de la Movimiento Radical de Santidad y las primeras redes Pentecostales tenían relaciones ambiguas con las iglesias protestantes establecidas de las potencias coloniales y relaciones

---

[15] Ester y Sigurd Grönvold, "Misión Evangélica, Argentina," *Sanningens Vittne* 22 (oct. de 1932), p. 3.

[16] Para ejemplo, Roger Mehl, *Décolonisation et missions protestantes* (Collection-Présence de la misión; París: Société des missions évangéliques de Paris, 1964) y Dana L. Robert, ed. *Converting Colonialism: Visions and Realities in Mission History, 1706-1914* (Studies in the History of Christian Mission; Grand Rapids, MI: William B. Eerdmans, 2008) discuten los dilemas morales que enfrentan los misioneros en el contexto del colonialismo económico, político y religioso.

[17] Sobre el impacto de la Conferencia de Berlín sobre África para la misión cristiana, véase Jean-François Zorn, *Le grand siècle d'une mission protestante: la Mission de Paris de 1822-1914* (Collection Mémoire d'Églises; 2 ed.; París: Karthala, 2012); y, Amaury Lorin y Christine de Gemeaux, dir., *L'Europe coloniale et le grand tournant de la Conférence de Berlin (1884-1885)* (Collection "Carrefours d'empires"; París: Le Manuscrit, 2013). Esta conferencia colonial tuvo implicaciones catastróficas para África, pero también impactó las relaciones colonialistas-eclesiásticas más allá de esa región.

bastante adversas con la Iglesia Católica. Su llegada al paisaje del cristianismo latinoamericano provocó cambios. Apareció un nuevo fenómeno: los misioneros que representaban lo contrario a las iglesias y organizaciones misioneras más antiguas, es decir, tenían raíces en las iglesias más antiguas, pero habían adoptado nuevas formas de ver la espiritualidad y la misión cristianas. A medida que aflojaron sus conexiones con las iglesias más antiguas, ellos, por necesidad, se convirtieron en misioneros 'autosuficientes' o de 'fe', a menudo solo marginalmente relacionados con cualquier iglesia europea o norteamericana. William Taylor, un misionero metodista episcopal no designado, auto programado, y financiado independientemente fue el progenitor y modelo para gran parte de esta actividad. Taylor, quien aparece a continuación en la narrativa de Berger N. Johnsen, fue el precursor de muchos misioneros de la Movimiento Radical de Santidad y de la Movimiento Metodista de Santidad, así como de pentecostales.[18] Taylor fue reconocido como 'bautizado con el Espíritu' por Thomas Ball Barratt de Noruega, y ampliamente respetado en los círculos misioneros escandinavos, entre otros. Barratt (1862-1940) fue un estimulador, evangelista, organizador y teólogo influyente en el desarrollo del pentecostalismo en Europa y en otras partes del mundo.[19]

¿Se describirían estas primeras misiones e iglesias iniciadas por el Movimiento Radical de Santidad y el Movimiento Pentecostal como

---

[18] David Bundy, "Bishop William Taylor and Methodist Mission: A Study in Nineteenth Century Social History. Part I: From Campmeeting Convert to International Evangelist," *Methodist History* 27, 4 (1989), pp. 197–210; "Bishop William Taylor and Methodist Mission: A Study in Nineteenth Century Social History. Part II: Social Structures in Collision," *Methodist History* 28, 1 (1989, pp. 3–21; y David Bundy, "William Taylor (1821–1902): Entrepreneurial Maverick for the Indigenous Church," en *Mission Legacies: Biographical Studies of Leaders of the Modern Missionary Movement*, ed. Gerald H. Anderson, et al. (Maryknoll, NY: Orbis Books, 1995), pp. 461–68.

[19] David Bundy, "An Early Pentecostal Theological Treatise: Thomas Ball Barratt on Pentecostalism and Glossolalia," *Drinking From our Own Wells: Defining a Pentecostal-Charismatic Spirituality* (Conference Papers, Twenty-second Annual Meeting of the Society for Pentecostal Studies, November 12-14, 1992; Springfield, MO: n.p., 1992), 2, Y, pp. 1-35; *idem, Visions of apostolic mission: Scandinavian Pentecostal mission to1935* (Studia Historico-Ecclesiastica Upsaliensia, 45; Uppsala, Suecia: Uppsala Universitet, 2009), pp.73-4.

colonización, descolonización o algo intermedio?[20] Si bien hay muchos temas que pueden ser investigados, los siguientes elementos se proponen como cruciales (pero no exhaustivos) para responder a la pregunta que acabamos de plantear: (1) ¿Cómo interpretaron las iglesias pentecostales europeas y norteamericanas el proyecto misionero de Johnsen en Argentina? ¿Qué afirmaron sobre el proyecto? ¿Qué importancia tiene Johnsen en la historiografía? (2) ¿Qué versión del pentecostalismo trajo Johnsen a la misión? ¿Qué lenguaje teológico, entrenamiento y lealtades eclesiásticas aportó Johnsen a la misión? (3) ¿Tenían las iglesias de Noruega y Estados Unidos el interés y la capacidad de desarrollar y mantener una presencia en Argentina? ¿Cuáles fueron los niveles financieros de apoyo de Johnsen en Argentina y se utilizaron para controlar el proyecto de la misión?

El método del ensayo es fenomenológico. Utiliza teorías de mapeo cultural y de redes para analizar las variedades del cristianismo pentecostal establecidas a través de las redes de Wood-Johnsen en Argentina. Las fuentes para este estudio son necesariamente literarias y archivísticas, a pesar de la naturaleza limitante de esas fuentes. Hay cartas enviadas por (o para) Wood y Johnsen, y por algunos de sus colegas misioneros, a publicaciones periódicas pentecostales en Noruega y los Estados Unidos. Estos fueron escritos para alentar las donaciones y el apoyo a la oración. Sin duda, a menudo fueron editados por los editores y, por lo tanto, deben leerse con cautela. Hasta hoy, no se había visto un periódico serio que publicara un ensayo como este: *Misjons-Røsten* (1929-1947), el periódico misionero independiente relacionado con De Frie Venner publicado en Sarpsborg, Noruega.[21] Los registros financieros publicados esporádicamente en algunas de esas mismas publicaciones complementan la correspondencia, al igual que las entrevistas y los datos reportados por Rakel Agathe Ystebø.[22] Además, hay documentos eclesiales y

---

[20] Para estudios del problema, véase, por ejemplo, Raimondo Barreto y Roberto Sirvent, eds. *Decolonial Christianities: Latinx and Latin American Perspectives* (Cham, Suiza: Palgrave McMillan, 2019).

[21] Este periódico aún no está digitalizado, o si es así, no está disponible para los académicos. Parece que se conservó solo en la Biblioteca Nacional de Noruega, donde debido a Covid-19, era inaccesible.

[22] Rakel Agathe Ystebø, "La Misión Pentecostal en Embarcación".

personales públicos, incluidos los diarios de Alice Christi Wood[23] y el 'memorial' a Johnsen publicado durante el año posterior a su muerte.[24]

Profeta sin honor: La historiografía

¿Cómo interpretaron las iglesias europeas y norteamericanas el proyecto misionero de Johnsen en Argentina? La evidencia es clara de que, si bien Johnsen fue reconocido como un misionero pentecostal de nacionalidad noruega en Argentina y se entendió a sí mismo como un misionero pentecostal, no fue, durante su vida, considerado un misionero designado de ninguna iglesia pentecostal noruega. El historiador Oddvar Nilsen lo declaró sin rodeos: "Johnsen var ikke medlem i noen pinsemenighet [Johnsen no era miembro de ninguna congregación pentecostal]."[25]

En Noruega, las dos denominaciones pentecostales más grandes fueron Pinsebevegelsen inspirado en Thomas Ball Barratt y De Frie Evangeliske Forsamlinger (De Frie Venner o DFEF) inspiradas en Erik Andersen Nordquelle. La relación entre estos grupos competidores y cooperantes era muy complicada, como se discutirá brevemente a continuación. Berger N. Johnsen fue a Argentina justo cuando las congregaciones pentecostales noruegas comenzaban a consolidarse en redes más definidas y a apoyar conjuntamente a los misioneros. A pesar de las conexiones con personas en estas redes en evolución, escribiendo cartas sugiriendo o solicitando apoyo, y a pesar de tener amistades en ambas redes, no fue miembro ni nombrado misionero de las primeras redes. Esto significaba que a ninguna agencia de financiamiento de la misión le interesaba celebrarlo o promover una narrativa de sus esfuerzos en Argentina. Sin embargo, como lo demuestra la discusión de la historiografía a continuación, los pentecostales noruegos no entendieron que Johnsen estaba creando una sucursal de una iglesia pentecostal

---

[23] Los documentos de Alice Wood se encuentran en el Flower Pentecostal Heritage Center, Springfield, Missouri.

[24] Gustav Iversen, *Blant indianere i 35 år: Berger N. Johnsens misjonarbeid i Argentina* (Sarpsborg: Bok-og Aksidenstrykkeri Johansen & Larsen, 1946).

[25] Oddvar Nilsen, "Johnsen, Berger N.", *Norsk pinsekristendom og karismatisk fornyelse.* Editado por Geir Lie (Refleks-serien, 8; Oslo: Refleks-Publishing, 2007), p. 86.

noruega. Más importante aún, no hay evidencia de que se entendiera a sí mismo involucrado en ese proceso.

Probablemente debido a esto, hasta hace relativamente poco, a Berger Johnsen no le ha ido bien en la historiografía. Los volúmenes de aniversario que celebran los logros de la Misión Pentecostal Noruega revelan una lenta evolución del reconocimiento. En el libro que celebra la primera década de la Misión Pentecostal Noruega relacionada con Filadelfia, no se mencionó ni a América Latina ni a Johnsen.[26] En el volumen de celebración de tres décadas de misión pentecostal noruega Johnsen hizo su primera aparición en esa literatura misionera, un libro publicado dos años después de su muerte. Indicó que dos congregaciones noruegas, en Bø y Vatnarheila, lo apoyaron, que se fue a Argentina en el verano de 1910, y que "Deres arbeide er særlig blandt indianerne [Su trabajo es especialmente entre los indios]."[27] El segundo volumen de la historia del cincuentenario del pentecostalismo noruego de Martin Ski dedicó un párrafo a Argentina, pero no mencionó a un misionero por su nombre.[28] El trabajo de Ski fue publicado once años después de la muerte de Johnsen, y una década después de la publicación del pequeño tomo bastante hagiográfico pero útil sobre Johnsen de Gustav Iversen. El trabajo de Iversen se basó principalmente en cartas de Johnsen escritas para su publicación en revistas pentecostales noruegas.[29] El volumen no parece estar conservado en la Biblioteca Nacional de Noruega. A pesar de su circulación limitada, comenzó a tener un efecto. El reconocimiento finalmente comenzó a llegar en el volumen del cincuentenario de la misión pentecostal (1960) que dedicó un capítulo a Argentina. En el ensayo de Pedersen,

---

[26] Ivar M. Witzøe, ed., *De aapne døre. Norges frie evangeliske hedningemissions arbeidere og virke gjennem 10 aar* (Oslo: N. F. E. Hedningemissions Forlag, [1925].

[27] J. Bratlie, ed., *Pinsevekkelsen i Norge gjennem 30 år, 1907-1937: En kortfattet oversikt over Pinsemenighetene og deres virksomhet* (Oslo: Filadelfiaforlaget, 1937), pp. 83-4, 135, 143. No está claro a qué se refería Bø.

[28] Martin Ski, *Fram til urkristendommen. Pinsevekkelsen gjennon 50 år* (Oslo: Filadelfiaforlaget, 1956), vol. 1, p. 166, vol. 2, p. 157.

[29] Gustav Iversen, *Blant indianere i 35 år.*

Johnsen se convirtió en el foco, con la mayor parte de la información obtenida del trabajo de Iversen.[30]

Los más importantes, y precisos, antes de la obra de Rakel Ystebø son los artículos sobre Johnsen y Argentina publicados *en Norsk Misjonsleksikon*. El artículo sin firmar sobre Berger Johnsen y el de Johan Straume sobre el centro ministerial de Johnsen ubicado en "Embarcación", son resúmenes importantes (sin fuentes referenciadas) del trabajo de Berger Johnsen y su esposa Hedvig Berg (1891-1951).[31] El autor fue Johan B. Straume (1919-1977) que nació en Fyresdal, donde vivió gran parte de su vida. Cuando era joven, fue por un tiempo un evangelista pentecostal.[32] Después de la Primera Guerra Mundial, se dedicó a trabajos de socorro en Alemania. Luego se convirtió en editor, el gerente de Runa Forlag (Oslo). Se convirtió en una figura cultural muy conocida, desarrollando varios volúmenes de referencia cultural. Staume era famoso por insistir en fuentes originales y datos confiables.[33] Fue el iniciador de *Norsk Misjonsleksikon*, que explica la excelente cobertura de los misioneros pentecostales noruegos. En el momento de su muerte, estaba revisando un cancionero para el movimiento pentecostal. Straume merece un estudio detallado de sus influencias culturales pentecostales y generales en Noruega.[34]

Sin embargo, a pesar del trabajo de Straume, el volumen del 75 aniversario de la misión pentecostal noruega, de Nilsen, *Ut i all verden* [En todo el mundo] (1984), aunque incluía algo de información y fotos, no presentaba a Johnsen como importante, y mucho menos

---

[30] Per A. Pedersen, "Argentina," en Kåre Juul, ed., *Til jordens ender: Norsk Pinsemisjon gjennem 50 år* (Oslo: Filadelfiaforlaget, 1960), pp. 271-8.

[31] Anónimo, "Johnsen, Berger N." *Norsk Misjonsleksikon*, Vol. 2, cols. 449-450; y Johan Straume, "Embarcación," *Norsk Misjonsleksikon* dir. Fridtjov Birkeli, *et al.* (Oslo: Nomi Forlag/Runa Forlag, 1965), Vol. 1, cols. 800-802.

[32] Oddvar Nilsen, "Deila, Olaf," *Norsk pinsekristendom og karismatisk fornyelse Ettbinds oppslagsverk,* ed. Geir Lie (Refleks-serien, 8; Oslo: Refleks-Publishing, 2008), p. 25.

[33] Anónimo, "Vi utkommet med første bindet," *Rogalands Avis* (26 agosto de 1965), p. 3.

[34] Véase: *http://www.telemarksportalen.no/forfattere/straume-johan-b.* Consultado el 08/10/2022. Gracias a Geir Lie por esta referencia. Straume también publicó: *Norsk Jernbaneleksikon* [Léxico ferroviario noruego], 1955 – 1959; *Norske Sykepleiere* [Enfermeras noruegas] 2 vols. 1960; *Kristen Sang og Musikk* [Canción y música cristiana], 2 vols, 1965; tradujo (del danés) y escribió literatura infantil.

como una figura heroica.[35] Los primeros eruditos pentecostales suecos estaban aún menos atentos al papel de Johnsen, esto a pesar de que la mayoría de los primeros misioneros suecos en Argentina dependían de su ayuda. Söderholm en *Den Svenska Pingstväckelsens Spridning* solo mencionó oblicuamente a Johnsen, y Pingstväckelsen de Arthur Sundstedt no en absoluto.[36] Esta situación cambió significativamente, gracias al trabajo de Forsberg que reconoció la importancia de Johnsen.[37]

La literatura académica sobre Johnsen y Wood tuvo un mal comienzo, principalmente debido a la falta de acceso a publicaciones periódicas pentecostales en todo el mundo, y porque la información en ella a veces es ambigua, errónea y / o conduce fácilmente a una lectura errónea. La historia oral también era a veces engañosa. La investigación más antigua sobre el pentecostalismo en Argentina prestó aún menos atención a Johnsen y su misión que hicieron los eruditos noruegos. Louie W. Stokes, misionero de las Asambleas de Dios en Argentina, amigo de Alice Wood, solo mencionó a Berger Johnsen dos veces, al igual que Norberto Saracco en su disertación sobre la historia del pentecostalismo argentino.[38]

Mi propio trabajo sobre Johnsen, por primera vez, lo colocó firmemente en las primeras etapas de múltiples corrientes de la misión pentecostal noruega temprana.[39] Los trabajos anteriores fueron bastante reemplazados por la importante tesis de maestría (2010) sobre Berger N. Johnsen de Rakel Agathe Ystebø en la que se corrigieron errores historiográficos al tiempo que se aumentaba

---

[35] Oddvar Nilsen, *Ut i all verden: Pinsevennenes ytre misjon gjennem 75 år* (Oslo: Filadelfiaforlaget, 1984), p. 31 (foto de la tumba), pp. 36, 54, 75, 222 (foto).

[36] G. E. Söderholm, *Den Svenska pingstväckelsens spridning utom och inom Sverige. Suplemento till Den Svenska Pingstväckelsens Historia* (Estocolmo: Förlaget Filadelfia, 1933), p. 100; Arthur Sundstedt, *Pingstväckelsen* (5 vols. Estocolmo: Normans Förlag, 1969-1973).

[37] Bengt Samuel Forsberg, *Svensk Pingstmission i Argentina* (Huddinge, Suecia: MissionsInstitutet PMU, 2000).

[38] Louie W Stokes, *Historia del Movimiento Pentecostal en la Argentina* (Buenos Aires: n.p., 1968), pp. 15, 62; José Norberto Saracco, "Argentine Pentecostalism: Its History and Theology" (PhD., Universidad de Birmingham, Inglaterra, 1989), pp. 66, 134.

[39] David Bundy, *Visions of Apostolic Mission*, pp. , 237, 239-40, 345-350, 444.

significativamente el conocimiento sobre Johnsen a través de entrevistas y documentos familiares; el trabajo no se publica oficialmente, pero ha circulado ampliamente.[40] También es importante la traducción de Rakel Agathe Ystebø del tomo de Iversen.[41] Kathleen Griffin proporcionó una gran cantidad de datos previamente desconocidos sobre Alice Christi Wood en su extraordinaria tesis doctoral.[42] Ambas importantes obras fueron escritas en universidades argentinas. En inglés, Wilma Wells Davies corrigió amablemente algunos de mis errores en su importante libro, *The Embattled Community*.[43] Basándose en el trabajo de Rakel Ystebø Alegre, pero no siempre citando su tesis de la que dependen, o la traducción que utilizan, ha aparecido en Argentina un torrente virtual de investigación sobre Berger N. Johnsen. A continuación, se hará referencia a los más importantes de estos.

Estos datos que demuestran la presencia mínima de Berger N. Johnsen en la historia de la misión escandinava antes de 2009 confirman que no había un 'mito' de Johnsen como héroe de la misión misionera en la tradición bastante desarrollada de la misión pentecostal escandinava. A pocos les importaban sus luchas, el desarrollo temprano de la misión pentecostal en Argentina o sus realidades en curso. Ni los noruegos ni los estadounidenses vieron los resultados de su trabajo como sucursales importantes de una denominación pentecostal. Era un profeta sin honor en las misiones y denominaciones con las que buscaba relacionarse. La falta de interés en Johnsen sugiere que no fue visto como un activo para desarrollar un proyecto de misión colonialista.

---

[40] Rakel Agathe Ystebø, "La Misión Pentecostal en Embarcación".

[41] Gustav Iversen, *35 Años entre los Indígenas: El Trabajo Misionero de Berger N. Johnsen en Argentina* (Sarpsborg, Noruega, Johansen & Larsen, Bok-og Aksidenstrykkeri, 1946). Traducción castellana de Rakel Ystebø, 2009 [inedita]. Véase la nota 8.

[42] Kathleen Griffin, "Luz en Sudamérica".

[43] Wilma Wells Davies, *The Embattled Community, Comparing Understanding of Spiritual Power in Argentine Popular and Pentecostal Cosmologies* (Global Pentecostal and Charismatic Studies, 5; Leiden: Brill, 2010), pp. 91, 92. Esos errores se relacionaban con el año de la llegada de Wood y las implicaciones de ese error. David Bundy, "Pentecostalism in Argentina," *Pneuma* 20 (1998), pp. 95-109; y, David Bundy, "Argentina", *New International Dictionary of Pentecostal and Charismatic Movements* ed. Stanley M. Burgess y Edward van der Maas (Grand Rapids, MI: Zondervan, 2002), pp. 23-25 [Escrito en 1999].

La compleja herencia de Berger N. Johnsen: pietismo luterano, redes de la Movimiento Radical de Santidad y misión

Todos forman parte de redes, tanto sincrónicas como diacrónicas, que dan forma a ideas y respuestas a los fenómenos. Las redes que formaron Berger N. Johnsen fueron las de los movimientos luteranos pietistas, noruegos y transatlánticos de Movimiento Radical de Santidad, así como la teoría de la misión de William Taylor, y la eclesiología de los Hermanos de Plymouth de Abraham Grimstvedt (1860-1926) transmitida a través de Paul Peter Wettergreen. Este contexto proporcionó el lenguaje teológico básico, la capacitación, la misionología y el enfoque de la eclesiología que se reflejan en la vida y la obra de Johnsen, así como en las de los líderes de las Iglesias pentecostales posteriores de Noruega. Es el contexto noruego de la experiencia religiosa y cultural pre-pentecostal de Berger N. Johnsen al que ahora nos dirigimos.

Johnsen creció en una congregación independiente todavía bajo la influencia de Paul Wettergreen (1835-1889). Wettergreen, después de ser educado para el sacerdocio, comenzó su servicio sacerdotal en Sudáfrica con la sociedad misionera pietista luterana noruega, Det Norske Missionsselskab. En Sudáfrica, se encontró con el misionero metodista estadounidense William Taylor, quien tuvo un notable éxito evangelístico entre los pueblos africanos.[44] La comprensión de Taylor de las 'Misiones Apostólicas' o 'Misiones Paulinas' practicadas por Pablo como se narra en el Libro bíblico de los Hechos, fueron cruciales para los comienzos de la misión pentecostal: (1) evangelizó en situaciones locales sin el permiso de, o la interferencia de, distantes ejecutivos episcopales o de la junta de misión; (2) era el modelo de una persona que había experimentado el 'bautismo en el Espíritu Santo' y que tenía éxito en la misión; (3) produjo iglesias a través de la misión que no dependían de aquellos instrumentales en su creación; (4) el concepto de que la glosolalia como lenguajes reales, una garantía para el 'bautismo en el Espíritu Santo', se dio como un instrumento para aumentar la efectividad misional provino de las

---

[44] Para el relato de Taylor, véase: William Taylor, *Christian Adventures in South* Africa (Londres: Jackson, Walford y Hodder, 1867).

observaciones de los misioneros en el avivamiento pentecostal en la calle Azusa.[45]

Taylor es bien conocido en la erudición latinoamericana debido a su influencia en Chile, especialmente en Willis C. Hoover, pero su influencia fue global y su impacto en Escandinavia fue formativo para los primeros misioneros pentecostales y otros misioneros de las Iglesias Libres.[46] Wettergreen informó sobre Taylor en publicaciones periódicas de la misión noruega.[47] Lamentó la falta de relevancia del sistema misionero luterano noruego para África.[48] Al regresar a Noruega en 1870, se convirtió en predicador y evangelista con la misión nacional de Noruega, el Indremisjon. En 1877, Wettergreen renunció a la Iglesia Luterana estatal y se convirtió en pastor de la pequeña congregación en Arendal en asociación con Den Evangelisk Lutherske Frikirke.[49] Durante este período, cooperó con Frederik Franson, quien dirigió una serie de reuniones de avivamiento en la congregación de Wettergreen en Arendal; también trabajó con el

---

[45] David Bundy, "Pauline Missions: The Wesleyan Holiness Vision," *The Global Impact of the Wesleyan Traditions and Their Related Movements* ed. Charles Yrigoyen, Jr. (Pietist and Wesleyan Studies, 134; Lanham: Scarecrow Press, 2002), pp. 13-26; *ídem, Visions of Apostolic Mission*, pp. 56-71.

[46] David Bundy, "Bishop William Taylor and Methodist Mission"; *idem*, "The Legacy of William Taylor," *International Bulletin of Missionary Research* 18 (1994), pp. 172-176; *idem*, "Unintended Consequences: The Methodist Episcopal Missionary Society and the Beginnings of Pentecostalism in Norway and Chile," *Missiology* 27 (1999), pp. 211-29; *idem, Visions of Apostolic Mission*, pp. 28-30, 55-78, 88-104, 170-6, 214-7, 479-81.

[47] Taylor y sus métodos de misión fueron discutidos y promovidos por Paul Wettergreen, "Fra Zululand," *Norsk Missionstidende* 21 (1866), pp. 357-75; *idem*, "Skrivelse fra Pastor Wettergreen," *Norsk Missionstidende* 22 (1867), pp. 164-6; *idem*, "Fra Pastor Wettergreen," *Norsk Missionstidende* 22 (1867), pp. 261-5; *idem*, "Skrivelse fra Pastor Wettergreen," *Norsk Missionstidende* 22 (1867), pp. 164-6; *idem*, "Skrivelse fra Pastor Wettergreen," *Norsk Missionstidende* 23 (1868), pp. 164-8; *idem*, "Fra Missionsmarken," *Missionæren: Kristeligt Blad Prøvenummer* (diciembre de 1888), p. 6. Barratt utilizó los informes de Wettergreen sobre Taylor para apoyar su propia visión de la misión. Véase, por ejemplo, T. B. Barratt, "Fra Pastor Paul Wettergreens dagbog," *Korsets Seier* 16,4 (15 de febrero de 1919), pp. 25-6.

[48] Ingie Hovland, *Mission Station Christianity* (Leiden: Brill, 2013), pp. 163-4.

[49] Paul Wettergreen, *Brev til mine Venner i Anledning af min Udtrædelse af Statskirken den 27 mars 1877* (Risør, Noruega: Fryxell, 1877).

Ejército de Salvación, T. B. Barratt y otros en las redes del Movimiento Radical de Santidad en Noruega y más allá.[50] La relativización de los distintivos doctrinas luteranas y su interés en la santidad y la profecía bíblica premilenial, pronto lo puso en conflicto con Den Evangelisk Lutherske Frikirke. En 1888, renunció a esta congregación cuando votó para expulsar a un miembro que apoyaba la idea de que un cristiano podía vivir sin pecar. Sus dos hijos fueron enviados al Instituto Bíblico Moody en Chicago, que estaba entonces en su fase pre-fundamentalista. Después de su renuncia, fue rebautizado por inmersión por Abraham Grimstvedt (1860-1926), un evangelista de los Hermanos de Plymouth, y comenzó a planear convertirse en misionero con la misión interdenominacional, la Frie Østafrikanske Misjon.[51]

Wettergreen continuó escribiendo sobre William Taylor para publicaciones periódicas religiosas noruegas y alentando a sus feligreses a emprender una misión en esa tradición.[52] En su discurso final en Missionhuset, en Lavik, el día de Año Nuevo de 1889, habló sobre la misión en África y citó a William Taylor como el ejemplo de un buen misionero cuyos métodos se basaban en modelos bíblicos y una espiritualidad ejemplar.[53] Wettergreen murió en agosto de 1889;

---

[50] Véase Paul Wettergreen, *Opfordring til bøn om den helligaand* (Risør, Noruega: Fryxell, 1874), así como las traducciones de Robert Boyd, *Livets Vei: en bog for frelsesøgende sjæle. Fortale af Dwight L. Moody* oversat fra Engelsk af Paul Wettergreen (Kristiania: Edv. Hansen, 1879), y F. W. Bourne, *Kongesønnen eller Billy Brays Liv og Virksomhed* med forord af Paul Wettergreen (Laurvik: M. Andersens Forlag, 1888).

[51] Sobre Wettergreen, ver: C. H. Lund, *Pastor Paul Petter Wettergreens Liv og Virksomhed med Anførsel af hans Skrifter* (Arendal: Chr. Christensen, 1890); "Wettergreen, Paul Peter," *Norsk forfatter lekisikon, 1814-1880* ed. J. B. Halvorsen con Halvdan Koht (Kristiania: Den Norske Forlagsforening, 1908), 7: pp. 573-5; Einar Molland, "Wettergreen, Paul Peter," *Norsk Biografisk Leksikon* 19 (1983), pp. 79-84; Terje Solberg, "Paul Wettergreen," *Norsk Biografisk Leksikon*, https://nbl.snl.no/Paul_Wettergreen. Sobre la congregación en Arendal, véase: C. H. Lund, *25 Aar af den ev. luth. Frikirkes Historie i Norge: Et Overblik, særlig af dens Grundlæggelse* (Arendal: Arendals bogtr. 1902), y O. Angell, P. Eriksen y T. Solberg (eds.): *Midt i livet: Den Evangelisk Lutherske Frikirke 125 år* (Oslo: Norsk luthersk forlag 2002). También, David Bundy, *Visions of Apostolic Mission*, pp. 97-8.

[52] P[aul] W[ettergreen], "Fra Missionsmarken," *Missionæren. Kristeligt Blad* Prøvenummer (diciembre de 1888), p. 6.

[53] Paul Peter Wettergreen, "Den østafrikanska, frie norske mission," *Missionæren. Kristeligt Blad* 1, 4 (15 de febrero de 1889), p. 26.

más de 2000 asistieron a su funeral.[54] Su orientación del Movimiento Radical de Santidad a la teología y la misión dejó un legado importante tanto en las congregaciones de Arendal como en las áreas circundantes, pero también entre las Iglesias Libres en toda Noruega.

Las Redes del Movimiento Radical de Santidad en Noruega, 1870-1906, fueron bastante extensas, incluso, pero independientes de Paul Wettergreen. Al comienzo de este período, la enseñanza de la santidad era principalmente luterana pietista o metodista, pero los disidentes comenzaban a ser más visibles a pesar de la persecución. A medida que las redes noruegas del Movimiento Radical de Santidad se desarrollaron, las redes llegaron a incluir personas y congregaciones de diversas Iglesias Libres, incluidos Bautistas, Hermanos, Metodistas, Metodistas Libres y el Ejército de Salvación. Las diferencias doctrinales y eclesiológicas los diferenciaron a las Redes del Movimiento Radical de Santidad de los metodistas, así como de los luteranos pietistas que permanecieron más firmemente dentro de la Iglesia Luterana Estatal. Aquí solo se puede mencionar a cuatro líderes de la red del Movimiento Radical de Santidad que se convirtieron en fundadores del pentecostalismo en Noruega y específicamente influyentes en Berger Johnsen: Sivert V. Ulness (1865-1937), Erik Andersen Nordquelle (1858-1938), Thomas Ball Barratt (1862-1940) y Carl Magnus Seehuus (1884-1951).

Sivert V. Ulness (1865-1937) emigró a los Estados Unidos, donde se convirtió en el contexto de la Iglesia Metodista Libre, a través del contacto con las Bandas de Pentecostés. Se unió a las Bandas de Pentecostés como evangelista, donde conoció a su esposa Lillian May Burt (1869-1955). A petición suya, fueron enviados a Noruega como una Banda de Pentecostés para evangelizar e iniciar Iglesias Metodistas Libres. Se integró bien en las redes noruegas del Movimiento Radical de Santidad, y pronto se hizo amigo de, entre otros, Erik Andersen Nordquelle y T. B. Barratt. Publicó dos publicaciones periódicas: *Ild-Tungen* (Lengua de Fuego); y su título sucesor, *Sandhed og Frihed* (Verdad y Libertad). En su apogeo, 6000 copias circularon por toda Escandinavia, una red e impacto mucho mayor que las dos pequeñas congregaciones de la Iglesia Metodista

---

[54] "Pastor Paul Wettergreen," *Missionæren. Kristeligt Blad* 1, 17 (1 de septiembre de 1889), pp. 129-31.

Libre. Estas publicaciones periódicas fueron importantes promotores de los valores, la teología, y la praxis del Movimiento Radical de Santidad en el norte de Europa. Estas publicaciones periódicas ayudaron a dar forma a los Movimientos Radical de Santidad y Pentecostales nórdicos, incluidos los dirigidos por Erik Andersen Nordquelle, C. M. Seehuus y T. B. Barratt.[55]

Erik Andersen Nordquelle, cuando era un joven marinero, visitó los Estados Unidos. Allí, en 1879, experimentó el 'Bautismo del Espíritu Santo' en el contexto de las redes del Movimiento Radical de Santidad. Durante un corto tiempo, se asoció con Fredrik Franson (1883-1888), y predicó para Det Norske Misjonsforbund, pero se resistió a la autoridad de las organizaciones. Tuvo otra experiencia religiosa en 1891 y comenzó su larga y complicada asociación con Ulness. Se convirtió en colaborador de *Ild-Tungen* en 1894. Comenzó (1904) a publicar su propio periódico, *Det Gode Budskap*, que dio forma a su red. Ya estaba trabajando con los Hermanos de Plymouth, T. B. Barratt y su familia, así como con el Ejército de Salvación.[56] Andersen Nordquelle publicó un relato de la experiencia pentecostal de Barratt en Nueva York. Él, su periódico y su congregación se convirtieron en pentecostales. Estos eventualmente se convirtieron en De Frie Evangeliske Forsamlinger, que jugaría un papel importante en la vida y el legado de Berger Johnsen.[57] Andersen

[55] David Bundy, *Visions of Apostolic Mission*, pp. 90-2; Inge Bjørnevoll, *'Ild-Tungen'*: *Norsk pentekostalisme 1890 - til omlag 1910* (Isdalstø, Noruega: Ursidae Forlag, 2017).

[56] Asbjørn Froholt, *Erik Andersen Nordquelle, en biografi* (Moss: Eget Forlag, 1981), pp. 81, 103; Frank Søgaard, *125 år med De Frie Venner i Oslo, 1887-2012* (Skí: DFEF Betel Ski, 2012), p. 26.

[57] Sobre Erik Andersen Nordquelle, véase Asbjørn Froholt, *Erik Andersen Nordquelle, en biografi*; idem, *Evangeliske Forsamlingers Misjon. 75 år: Et jubileumsskrift* (Moss: Elias Forlag, [1982]); David Bundy, *Visions of Apostolic Mission*, pp. 92-5, 344-7, incluyendo datos sobre la orientación y el impacto de la publicación periódica, así como Frank Søgaard, *125 år med De Frie Venner i Oslo*, pp. 11-110. Erik Andersen cambió su nombre a Erik Andersen Nordquelle. El primer uso de Nordquelle encontrado fue E. A. Nordquelle, "Vi er Guds volk", *Det Gode Budskap* 14, 1 (1 de enero de 1917), p. 3. Para evitar confusiones, Andersen Nordquelle se utiliza en todas partes.

Nordquelle permaneció en contacto con la familia de Wettergreen, publicando extractos de su diario, así como de Georg Müller.[58]

C. M. Seehuus, un bautista infeliz, observó el avivamiento en Gales, tuvo una experiencia religiosa del Movimiento Radical de Santidad del Bautismo del Espíritu Santo, y lentamente guió a gran parte de su congregación bautista en esa dirección. Rápidamente adoptó el avivamiento pentecostal interpretado por T. B. Barratt, dividió su iglesia y organizó a los disidentes en una nueva congregación pentecostal. Se convirtió en editor del periódico misionero, *Missionæren*, convirtiéndolo en un periódico pentecostal. Esto se convirtió en el principal vehículo para que Berger Johnsen publicara artículos sobre su trabajo en Argentina. Seehuus se convirtió en un decidido competidor de Andersen Nordquelle y Barratt para definir el pentecostalismo en Noruega. Los esfuerzos para hacer de Seehuus el primer pentecostal en Noruega se basan en interpretaciones erróneas del 'Bautismo del Espíritu Santo' experimentado en los contextos del Movimiento Radical de Santidad antes de diciembre de 1906 en Noruega y Gales. De 1914 a 1928, Seehuus fue una figura importante en el pentecostalismo noruego, aunque poco conocido fuera de Noruega.[59]

Thomas Ball Barratt, un ministro de la Iglesia Metodista Episcopal rechazó el modelo de la iglesia disidente aislada de los fieles bautizados santurrones, y se esforzó por evangelizar a los cristianos sin iglesia o marginalmente comprometidos. Inspirado por William Taylor, cuyos libros recopiló, cooperó con los pietistas luteranos, metodistas libres, bautistas y, finalmente, con el Ejército de Salvación. Un comprometido defensor del Movimiento Radical de Santidad se convirtió en pentecostal en Nueva York en una pequeña congregación pentecostal afroamericana y publicó su testimonio pentecostal por primera vez en un periódico editado por A. B. Simpson (fundador de ACyM) quien le había dado refugio cuando estaba luchando con conflictos entre la Junta de Misiones Episcopales Metodistas y los obispos. El periódico suyo del

---

[58] Paul Wettergreen, "Fra Wettergreens dagbok," *Det Gode Budskap* 7, 13 (1 de julio de 1910), p. 52; y "Georg Müllers erfaring angaaen daaben," *Det Gode Budskap* 7, 14 (15 de agosto de 1910), pp. 61-2.

[59] Para Seehuus, véase Ida Berthea Seehuus, *Erindringer (Efterlatt manuskript)* (Skien: C. M. Seehuus's Forlag, [1935]), y Bundy, *Visions of Apostolic Mission*, pp. 315-47.

Movimiento Radical de Santidad, *Byposten* (1903), se convirtió en un periódico pentecostal con un público repartido por toda Escandinavia. Sin fondos y expulsado de la Iglesia Metodista Episcopal, él, y un pequeño grupo de seguidores de su Bymission (Misión de la Ciudad), se refugiaron en el edificio de Andersen Nordquelle. Debido a su fluidez en inglés y noruego, se convirtió en un nodo de importancia internacional en la red pentecostal global en desarrollo. Sus conexiones personales metodistas y del Movimiento Radical de Santidad facilitaron las relaciones como pentecostal. Jugó un papel decisivo en los inicios del Pentecostalismo en muchos países europeos y publicó publicaciones periódicas en noruego, sueco, danés, ruso y español. A menudo fue publicado en el Reino Unido, Alemania, los Países Bajos y Suiza. Influyó en los acontecimientos en los países bálticos y Polonia. Él y los ministerios pentecostales creados a través de su congregación estaban entre los que Berger Johnsen relacionó en su ministerio en Argentina.[60]

Antes del avivamiento Pentecostal de 1906-1907 en Noruega, estos colegas de diferentes ramas de las redes del Movimiento Radical de Santidad tenían diversos entendimientos de esa tradición basados en sus compromisos teológicos anteriores: Ulness (Bandas Pentecostés/Metodistas Libres); Andersen Nordquelle (Pietista, Hermanos, Iglesia Libre), Seehuus (Bautista) y Barratt (Metodista Episcopal). A medida que sus identidades pentecostales se desarrollaron, las diferencias permanecieron, y tal vez se agudizaron. Barratt se movió más lejos que el resto, adoptando más de una eclesiología bautista. Por lo tanto, no había una teología o praxis pentecostal noruega unificada que pudiera haber sido transmitida a Argentina por Johnsen. Todo lo que podía hacer era leer las publicaciones periódicas a menudo conflictivas recibidas de Noruega o los Estados Unidos y desarrollar sus propias ideas sobre asuntos teológicos y misionales en el contexto de su trabajo en Argentina.

---

[60] David Bundy, "T. B. Barratt's Christiania (Oslo) City Mission: A Study in the Intercultural Adaptation of American and British Voluntary Association Structures," *Crossing Borders* ed. J.-D. Plüss (Zúrich: n.p., 1991), pp. 1-15; *idem*, "Thomas B. Barratt y Byposten: An Early European Pentecostal Leader and His Periodical," *Pentecostalism, Mission and Ecumenism: Festschrift in Honor of Professor Walter J. Hollenweger* (Fránkfort: Peter Lang, 1992), pp. 115-21; *idem, Visions of Apostolic Mission*, pp. 160-64.

El comienzo de Berger Johnsen en Argentina: Misionero en Gualeguaychú, Entre Ríos, Argentina

Como se señaló anteriormente, a fines de 1909, el futuro misionero pentecostal Johnsen viajó de los Estados Unidos a Noruega para recaudar fondos. En una carta publicada en *Det Gode Budskap*, anunció: "Ahora iré a América del Sur con el evangelio... para trabajar entre los indios."[61] Cuando se publicó, llevaba varios meses en Argentina habiendo llegado a Gualeguaychú, Entre Ríos el 14 de agosto de 1910, como estaba previsto en Nueva York, al mundo de Alice Wood, los Kelty, Fanny Evans y otro estadounidense de Alliance, Ohio.[62] Señaló que la misión pentecostal había crecido para incluir a "seis misioneros que tenían el bautismo del Espíritu Santo."[63] Johnsen se convirtió en colportor y predicador ocasional.[64] Se hicieron esfuerzos para recaudar fondos a través de la escritura de cartas a las publicaciones periódicas pentecostales de América del Norte. Los informes publicados sugieren que los fondos asegurados fueron bastante mínimos, aunque Wood y los Keltys tuvieron más éxito como se informó en *The Bridegroom's Messenger* y Wood tenía su propia red de partidarios. Es imposible rastrear el alcance de los regalos individuales enviados aparte de las incipientes redes de apoyo a la misión pentecostal organizadas a través de publicaciones periódicas.[65]

Wood y Johnsen tenían enfoques muy diferentes de la misión. Wood era más ecuménico y desarrolló relaciones con metodistas, ACyM y líderes y congregaciones pentecostales italianos. Podía

---

[61] Berger Johnsen, "Der skrives til os," *Det Gode Budskap* 7, 21 (1 de noviembre de 1910), p. 84.

[62] Alice Christi Wood, Diario, 9 de junio de 1910 y 14 de agosto de 1910.

[63] Berger Johnsen, "Fra Argentina," *Det Gode Budskap* 7, 24 (15 de diciembre de 1910), p. 95.

[64] Alice C. Wood, "América del Sur," *The Bridegroom's Messenger* 6 (15 de enero de 1913), p. 2.

[65] Alice C. Wood, "From South America," *The Bridegroom's Messenger* 3 (15 de mayo de 1910), p. 4.

hablar inglés y español con fluidez, lo que Johnsen luchó por hacer.[66] Tuvo que lidiar con cuestiones de género, una mujer en un entorno que valoraba a los hombres 'machistas'.[67] Johnsen emprendió el colportaje y la predicación itinerante en la región de Gualeguaychú, Entre Ríos, aprendiendo el idioma en el trabajo.[68] En 1914 comenzó una transición a Embarcación, Salta.[69]

A lo largo de este período, otros misioneros pentecostales llegaron a Argentina. Dos mujeres pentecostales danesas llegaron en 1913: Kirsti Melbostad y Anini Kejlstrup. Melbostad también trabajó durante un tiempo con Willis Hoover en Chile.[70] Kejlstrup se casó con el recién llegado misionero pentecostal danés Niels C. Sørensen y se mudó a Ledesma, cerca de donde Johnsen compró una propiedad en Embarcación, provincia de Salta.[71] A partir de esta experiencia de trabajar con mujeres fuertes con más recursos, Johnsen se convirtió en un oponente de las mujeres en el ministerio; irónicamente, su propia esposa continuaría durante mucho tiempo su ministerio después de su muerte.

[66] Durante sus primeros años en Argentina, Johnsen se comunicó solo en inglés: Berger N. Johnsen, "Embarcación Salta, Argentina," *Sanningens Vittne* 11 (nov.-dec. de 1921), p. 6.

[67] Kathleen M. Griffin, "La 'Cuestión de la Mujer' en el pentecostalismo del centenario argentino: Gualeguaychú, 1910-1917)," en Jerónimo Granados (ed.), *Bicentenario Tiempos de Revolución e Independencia: Reflexiones del claustro de profesores del ISEDET* (Buenos Aires: ISEDET, 2013), pp. 111-34.

[68] Berger Johnsen, "Dear Word and Work Family," *Word and Work* 33, 1 (enero de 1911), p. 30; *ídem*, "South America – Mission Evangélica, Gualeguaychu, E.R." *Bridegroom's Messenger*, 7, 151 (1 de marzo de 1914), p. 2

[69] Berger Johnsen, "To work among natives in South America," *Bridgroom's Messenger* 7, 157 (15 de 1914) p. 2; *ídem*, "South America, December 6, 1914," *Word and Work* 37, 2 (feb. 1915), p. 58. G. Iversen, *Blant indianere i 35 år*, pp. 3-4.

[70] Kirsti Melbostad, "Fra Chili," *Det Gode Budskap* 10, 15 (1 de agosto de 1913), p. 60; Anina Kejlstrup, *Det Gode Budskap* 10, 21 (1 de noviembre de 1913), p. 84; Kirsti Melbostad, "Siloé, S. America," *Det Gode Budskap* 11, 13 (1 de junio de 1914), p. 49 [escrito desde Ancud, Chile]. Véase también Marie Gunstad, "Fra Chili," *Det Gode Budskap* 11, 2 (15 de enero de 1914), p. 5 [trabajando con Kristi Melbostad]; Berger Johnsen, "Fra Argentina," *Det Gode Budskap* 11, 2 (15 de enero de 1914), pp. 5-6.

[71] Niels C. Sørensen, "To the Indian Tribes of South America," *Christian Evangel* No. 80 (6 de marzo de 1914), p, 4; *ídem*, "Missionary Notes", *Weekly Evangel* No. 179 (3 de marzo de 1917), p, 12.

Los diarios analizados por Griffin cuentan la historia de las relaciones de las mujeres con Johnsen y otros hombres que le faltaron el respeto a Wood.[72] Johnsen y Wood tomaron caminos separados. Siempre había sido su intención hacer ministerio entre las tribus amerindias del Chaco. Su preocupación eran los espacios urbanos cada vez más grandes y diversos de Argentina. Es importante señalar que, a pesar de sus diferencias significativas, Wood apoyó a Johnsen y trabajó para crear conciencia sobre su ministerio en sus círculos pentecostales de los Estados Unidos, solicitar apoyo y recibirlo a él y a sus colegas en visitas a Gualeguaychú, Entre Ríos.[73]

El nuevo sitio del ministerio de Johnsen estaba ubicado en la nueva ciudad de Embarcación, donde compró una propiedad de una compañía británica, Leach Brothers LTD.[74] En 1915 informó que la propiedad estaba pagada y que el edificio estaba en marcha.[75] Johnsen regresó a Noruega con licencia en 1915 y pasó la mayor parte de dos años recaudando fondos antes de regresar a Argentina y recuperarse de un colapso físico.[76] Mientras estaba en Noruega, Johnsen hizo contacto con Erik Andersen Nordquelle y T. B. Barratt. Habló en una conferencia misionera con Barratt.[77] Más importante aún,

---

[72] Kathleen M. Griffin, "La 'Cuestión de la Mujer' en el pentecostalismo," pp. 111-34.

[73] Por ejemplo, Alice C. Wood, "South America," *The Bridegroom's Messenger* 6 (15 de enero de 1913), p. 2; *ídem*, "Echoes from Afar," *The Bridegroom's Messenger* 10 (1 de noviembre de 1916), p. 3; *ídem*, "South America," *Weekly Evangel* (10 de noviembre de 1917), p. 13; *ídem*, "South America," *The Bridegroom's Messenger* 20 (septiembre-octubre de 1922), p. 3; Wood, Diario, 24 de marzo de 1917, 28 de junio - 7 de julio de 1924.

[74] Rakel Agathe Ystebø, "La Misión Pentecostal en Embarcación," p. 38.

[75] "Berger H. (sic) Johnsen, Missionary to South America," *Weekly Evangel* No. 103 (14 de agosto de 1915) p. 4; Berger Johnsen, "Brev fra Sydamerika," *Missionæren* 28, 50 (14 de septiembre de 1916), p. 4.

[76] Berger Johnsen, "Fra Vennekredsen," *Missionæren* 27, 13 (1 de marzo de 1915), p. 4; Anónimo, "Brother Johnsen Sails in September," *Weekly Evangel* No. 149. Johnsen regresó a la Argentina desde Noruega a través de Brooklyn, donde había importantes comunidades de pentecostales noruegos.

[77] Rakel Agathe Ystebø, "La Misión Pentecostal en Embarcación," pp. 38-9. Anónimo, "In Norway", *The New Acts* 3 (abril de 1907), p. 4, reimpreso de *Apostolic Faith* de la Misión de Calle Azusa, informó sobre el movimiento pentecostal y Barratt. Johnsen habría estado al tanto de Barratt al principio de su identificación pentecostal.

encontró en H. H. Sønstebø un tesorero devoto. Durante años, Sønstebø reunió y transmitió regularmente fondos modestos a Johnsen. Sønstebø era el tesorero de la Iglesia Filadelfia, Oslo, y la agencia misionera afiliada. Aunque los informes de Sønstebø, incluida la contabilidad del dinero enviado a Johnsen, se publicaron en *Korsets Seir*, estaba claro para los lectores que Johnsen no era parte de Norges Frie Evangeliske Missionsforbund; nunca fue incluido como misionero de esa organización.[78] Las cartas también se publicaron en *Missionæren* editadas por Seehuus, algunas de las cuales se citan en este ensayo, pero no se han encontrado informes de fondos recaudados y enviados por Seehuus a Johnsen. Andersen Nordquelle publicó algunas cartas en *Det gode budskap*, pero parece que tenía poco dinero para apoyar la actividad misionera. Si bien nunca se unió a una de las redes pentecostales en Noruega, los valores misionales de Johnsen eran más congruentes con los de Andersen Nordquelle.[79]

Johnsen estaba en contra del establecimiento de estructuras eclesiásticas; había visto de primera mano el daño causado a los pueblos nativos por los intereses religiosos, gubernamentales y económicos establecidos. En un apasionado artículo escrito durante su licencia, informó que estaba ministrando entre 10.000 indios que habían sido abusados por los gobiernos español y argentino y la Iglesia Católica, y más recientemente por intereses comerciales británicos. Peor aún, afirmó, el comercio de esclavos todavía estaba desenfrenado en el interior del país. "Las mujeres lo tienen más difícil", opinó, señalando que hubo abusos y violaciones extensos. También informó sobre familias fragmentadas y la desesperanza entre la gente. Por estas razones, "jeg blev kaldt til at virke i

---

[78] Por ejemplo, H. H. Sønstebø, "Andre missionærer," *Korsets Seir* 14, 21 (1 de noviembre de 1917), p. 168 [Johnsen recibió NK 955.80 entre agosto y octubre de 1917], *ídem*, "Andre missionærer," *Korsets Seir* 15, 18 (15 de septiembre de 1918), p. 120 [Johnsen recibió NK 495.81 entre abril y julio de 1918], *ídem*, "Til *Korsets Seir*," 19, pp. 23-4 (15 de diciembre de 1918), p. 167 [Johnsen recibió NK 657.13 entre el 18 de julio y el 16 de noviembre de 1918], Johnsen recibió NK 3049.89 durante 1919. Véase: "Aarsopgjør 1919 for Berger N. Johnsen, Sydamerika," *Missionæren* 32, 9 (30 de marzo de 1920), p. 7.

[79] Asbjørn Froholt, *De frie evangeliske forsamlingers misjon*, pp. 71-3.

Sydamerika [Fui llamado a la obra en América del Sur]", insistió, para comunicar el evangelio de la esperanza.[80]

Las relaciones de Johnsen con las tres principales redes pentecostales noruegas se demuestran por la documentación existente que han sido cordiales, pero no cercanas. El apoyo financiero fue pequeño. Johnsen conservó su independencia de otras redes tanto en Argentina como en Noruega. Y, como se demostró anteriormente, ninguna de las redes noruegas parecía ansiosa por reclamarlo.

Berger Johnsen: Misionero en Embarcación, Salta, Argentina

Berger Johnsen regresó a Argentina el 5 de octubre de 1916.[81] El 10 de noviembre, con el misionero pentecostal argentino Camilo Valdez, partió hacia Embarcación.[82] Allí, con varios asistentes, estableció lentamente un centro próspero, mientras viajaba extensamente entre los grupos amerindios de la región según lo permitiera la salud.[83] Informó que muchos jóvenes estaban interesados en su mensaje evangelístico.[84] Un "niño" argentino y un colega noruego trabajaron con él para hacer ladrillos para construir.[85] Trabajó con el representante de la Sociedad Bíblica, un inmigrante italiano, amigo de Alice Wood, F. G. Penzotti, por cuya ayuda

---

[80] Berger Johnsen, "Blandt Syd-Amerikas uomvendte millioner," *Missionæren* 27, 51-52 (julenummer 1915), pp. 6-7.

[81] Berger Johnsen, "Brev fra Sydamerika," *Missionæren* 28, 50 (14 de septiembre de 1916), p. 4; Wood, Diario, 7 de octubre de 1916 sitúa el regreso más tarde.

[82] Wood, Diario, 10 de noviembre de 1916.

[83] Anónimo, "Berger H. (sic) Johnsen, Missionary in South America," *Weekly Evangel* No. 103 (14 de agosto de 1915), p. 4; Berger Johnsen, "Testing Days in Argentina," *Weekly Evangel* No. 193 (9 de junio de 1917), p. 13; *ídem*, "Bro Johnsen Recovers from Fever," *Weekly Evangel* No. 198 (14 de julio de 1917), p. 12.

[84] Berger Johnsen, "Fra Syd-Amerika," *Missionæren* 29, 17 (26 de abril de 1917), p. 4.

[85] Berger Johnsen, "Missionary Notes," *Weekly Evangel* No. 176 (10 de febrero de 1917), p. 12; Berger Johnsen, "In Regions Beyond," *Christian Evangel* No. 246-247 (29 de junio de 1918), p. 10.

expresó su gratitud.[86] La inmensidad de la tarea de evangelizar en áreas tan vastas era desalentadora.[87] A menudo con mala salud, a veces sin esperar sobrevivir, le pidió a Alice Wood que se ocupara de sus asuntos si moría.[88] En una conmovedora carta, se identificó con la pasión y el sufrimiento del apóstol Pablo en la misión itinerante. Habló de altas temperaturas, insectos voraces, arroyos hinchados, viajes en condiciones difíciles, vivir en el desierto y los ataques recurrentes de fiebres contraídas en el paisaje inhóspito. También habló de las distancias (a menudo varios días de viaje) entre los puntos de predicación / ministerio en el circuito que se esforzó por mantener en las regiones cercanas a Embarcación.[89] Continuó la lucha para mejorar la situación de las mujeres dentro de las congregaciones incipientes.[90]

En 1920, llegaron refuerzos de Suecia.[91] Varios misioneros fueron enviados: Albin y Fanny Hjerling Gustavsson,[92] Axel y Ruth Severin, Kristian y Ruth Nielsén y Gustav Flood, y Hedvig Berg.[93] A ellos se unió Anton Taranger, un pentecostal sueco que se sintió llamado a

---

[86] Berger Johnsen, "Fra Syd-Amerika," *Missionæren* 29, 23 (7 de juni de 1917), p. 5. Penzotti ya estaba predicando en la misión de Gualeguaychú por invitación de Wood, Diario, 1, 4 y 9 de mayo de 1910. Sobre Penzotti, véase Claudio Celada, *Un Apóstol Contemporáneo: La vida de F. G. Penzotti* (Buenos Aires: Editorial "La Aurora", 1945).

[87] Berger Johnsen, "Brev fra Syd-Afrika (sic)," *Missionæren* 29, 41 (11 de oct. de 1917), p. 6; *ídem*, "Argentina," *Missionæren* 32, 9 (30 de marzo de 1920), p. 7.

[88] Wood, Diario, 24 de marzo de 1917.

[89] Berger Johnsen, "Syd-Amerika," *Missionæren* 31, 5 (20 de febrero de 1919), p. 7; *idem*, "Argentina, South America," *Weekly Evangel* No. 276-277 (22 de febrero de 1919), p. 10.

[90] Birger (sic) N. Johnsen, "Kvinden i Nord-Argentina," *Missionærn* 30, 20 (20 de julio de 1918), pp. 2-3.

[91] G. E. Söderholm, *Den Svenska Pingstväckelsens Spridning* 1929, pp. 100-1, y Arthur Sundstedt, *Pingstväckelsen 1969 I:* pp. 94-7.

[92] Albin Gustafsson, "Vår första Argentinamissionär," *Evangelii Härold* 3, 14 (4 de abril de 1918), p. 53. Gustafsson declaró que se sentía llamado a "fri pingstmission i provinsen Salta en Argentina. Berger Johnsen och en infödd evangelist verka där." [una misión libre en la provincia de Salta en Argentina. Berger Johnsen y un evangelista nativo tuvieron una obra allí.] Gustafsson no partió hacia Argentina hasta 1920.

[93] Anónimo, "Sju fria missionär till Argentina," *Evangelii Härold* 5, 13 (1 de abril de 1920), p. 52; Protokoll Filadelfiaförsamlingen i Stockholm, 5 oct. 1920 § 14 (Berg).

trabajar en Buenos Aires, Argentina.[94] Berger Johnsen conoció a los nuevos misioneros, les ofreció hospitalidad y les dio una introducción a la vida en Argentina.[95] Gustav Flood fue el primero en informar sobre lo que los misioneros suecos encontraron en Embarcación. Describió los desafíos que enfrenta Johnsen, las devastadoras condiciones socioeconómicas y la casa del misionero razonablemente cómoda en una gran extensión de tierra. Afirmó el enfoque de misión 'paulina' suave y persistente de Johnsen en la realidad de su sitio de ministerio.[96] El misionero pentecostal sueco, Axel Severin, se estableció por un tiempo en Orán, Argentina, también en la provincia de Salta.[97] Después de la boda de Hedvig Berg y Berger Johnsen,[98] Albin y Fanny Gustavsson establecieron su ministerio independiente. Sigurd Grönvold trabajó con Johnsen por un tiempo, se fue después de su propio matrimonio, pero regresó para apoyar a los Johnsen cuando estaba enfermo.[99] Los misioneros recién llegados se mudaron de Embarcación a otros ministerios, en parte debido a disputas sobre

---

[94] Anton Taranger, "För Argentina," *Evangelii Härold* 5, 19 (13 de mayo de 1920), p. 73; *ídem*, "Resebrev," *Evangelii Härold* 5, 22 (3 de junio de 1920), p. 86. Se solicitaron fondos para la misión a los amerindios argentinos en lugar de flores en el funeral de Anton Taranger, pastor de la Iglesia Pentecostal Elim, Örebro: Alfred Gustafsson, "Broder Anton Tarangers begravning," *Evangelii Härold* 5, 29 (22 de julio de 1920), p. 114.

[95] Axel y Ruth Severin, Kristian y Ruth Nielsén, y Gustav Flood, "Embarcación, Argentina", *Evangelii Härold* 5, 34 (26 de agosto de 1920), p. 135.

[96] Gustav Flood, "Embarcación, Argentina," *Evangelii Härold* 5, 44 (4 de noviembre de 1920), p. 174.

[97] Axel Sewerin, "Orán, Argentina," *Evangelii Härold* 5, 42 (21 de oct. de 1920), pp. 166-7. Tenga en cuenta que el nombre a menudo se escribe Severin y ocasionalmente Sevrin; en las primeras fuentes pentecostales suecas y noruegas se usan las tres grafías.

[98] Johnsen informó a Wood de su inminente matrimonio, Wood, Diario, 21 de febrero de 1921; Albin y Fanny Gustavsson, "Bland indianerna i Syd-America," *Evangelii Härold* 5, 44 (4 de nov. de 1920), p. 174. Bengt Samuel Forsberg, *Svenska Pingstmission i Argentina*, p. 37.

[99] Sigurd Grönvold, "Embarcación, Argentina," *Sanningens Vittne* 18 (oct. de 1928), p. 7 [Johnsens no mencionado]; *ídem*, "Embarcación, Argentina," *Sanningens Vittne* 19 (sept. de 1929), p. ; Sigurd Grönvold, "Rio Tercero, F. C. C. A., Argentina, S. A." *Sanningens Vittne* 22 (enero de 1932), p. 7; Ester y Sigurd Grönvold, "Misión Evangélica, Argentina," *Sanningens Vittne* 22 (oct. de 1932), p. 3.

el papel de la mujer y el significado del bautismo; Johnsen sugirió que era debido al clima implacable y las condiciones de vida.[100]

De 1921 a 1945, enfrentando desafíos de salud, Johnsen junto con evangelistas argentinos continuaron desarrollando su congregación local, trabajaron para mediar el cambio social de manera humana entre los amerindios.[101] Mantuvieron el desarrollo de una serie de congregaciones a través de las regiones amerindias del noroeste y norte de Argentina.[102] Hay evidencia de que los Johnsen continúan cultivando la red de iglesias noruegas de los Estados Unidos, pero no se ha identificado información sobre los fondos recibidos.[103] De las fuentes existentes queda claro que desarrolló su teoría de la misión y su praxis congruente con las de Paul Wettergreen y William Taylor, dentro de categorías teológicas y misionológicas adaptadas por Ulness, Andersen Nordquelle, Seehuus y Barratt.

Los esfuerzos de Johnsen para proteger a sus conversos amerindios han sido discutidos por Rakel Agathe Ystebø, "La Misión Pentecostal en Embarcación", así como por su asesor de tesis César Ceriani Cernadas.[104] Si bien no parece haber nada en su trabajo que

---

[100] Bengt Samuel Forsberg, *Svenska Pingstmission i Argentina*, 2000, pp. 37-42; Berger N. Johnsen, "A Nation for a Parish," *Latter Rain Evangel* (febrero de 1922), p. 18.

[101] Ester y Sigurd Grønvold, "Misión Evangélica, Argentina," *Sanningens Vittne* 22 (oct. de 1932), p. 3. Señala que Johnsen había estado enfermo durante varios años y fue ayudado por el argentino "Hermano Don Luiz".

[102] G. Iversen, *Blant indianere i 35 år*, pp. 4-10, *et passim*.

[103] Hedvig y Berger Johnson (sic), "Embarcación, Salta, Argentina," *Sanningens Vittne* 11, 83 (noviembre-diciembre de 1921), pp. 6-7; Hedvig y Birger N. Johnson (sic), "Embarcación, Salta, Argentina," *Sanningens Vittne* 13 (marzo-abril de 1923), pp. 6-7.

[104] Rakel Agathe Ystebø, "La Misión Pentecostal en Embarcación"; César Ceriani Cernadas y Silvia Citro, "El movimiento del evangelio entre los Toba del Chaco argentino: Una revisión histórica y etnográfica" en Bernardo Guerrero Jiménez (comp.), *De Indio a Hermano: pentecostalismo indígena en América Latina* (Iquique, Chile: Ediciones Campus, Universidad Arturo Prat, 2005), pp. 111-70; César Ceriani Cernadas, "La misión pentecostal escandinava en el Chaco argentino: Etapa formativa: 1914 – 1945," en *Memoria Americana, Ciudad Autónoma de Buenos Aires*, n. 19-1, jun. 2011. [*http://www.scielo.org.ar/scielo.php?script=sci_arttext&pid=S18513751201100 0100005&lng=es&nrm=iso*] [Consultado 25 feb. 2022]; *ídem*, "Caleidoscopios del poder: Variedad del carisma en las iglesias indígenas del Chaco argentino," *https://p3.usal.edu.ar/index.php/miriada/article/view/3119/3764* [Consultado 25 feb.

cambie significativamente el análisis presentado aquí de los períodos anteriores, un estudio cuidadoso del período 1929-1945 (y más allá) debe esperar el acceso al periódico *Misjons-Røsten* (1929-1947) y otro material contextual conservado en la Biblioteca Nacional de Noruega y las bibliotecas argentinas.

Conclusión: Un paso hacia la descolonización de la misión cristiana

Este ensayo ha presentado evidencia y argumentado que Berger N. Johnsen proporciona un estudio de caso en la descolonización de las misiones cristianas. En la práctica, eso significaba pobreza, trabajo empresarial, confiar en los conversos con la vida de uno, abordar cuestiones de poder, economía, género, raza, identidad nacional / personal / eclesial, hegemonía cultural y ecumenismo. También requirió experimentación con la eclesiología, la adoración / liturgia y la teología. La historia de los misioneros cristianos a menudo se cuenta como el desarrollo de perfiles denominacionales; la evidencia con respecto a Johnsen sugiere que fue mínimamente apoyado por sus correligionarios en su país de origen o en cualquier otro. El perfil denominacional es inadecuado para describir a Johnsen. Además, ninguna de las teorías populares de los orígenes pentecostales es particularmente relevante para Argentina; no se ha encontrado ningún atractivo para los modelos de Parham, Seymour, 'orígenes múltiples' o 'generación espontánea'. Uno de los centros a los que a

2022]; César Ceriani Cernadas, y Hugo Lavazza, "Inestables reputaciones: Liderazgo y conflicto en una misión evangélica indígena del Chaco argentino," en Fabián C. Flores y Paula Seiguer (eds), *Experiencias plurales de lo sagrado: La diversidad religiosa argentina* (Buenos Aires, Imago Mundi, 2014), pp. 3-18; Sin mención a Johnsen; César Ceriani Cernadas, "'Campanas del evangelio:' La dinámica religiosa indígena en los ingenios azucareros del Noroeste Argentina," en *Capitalismo en las selvas Enclaves industriales en el Chaco y Amazonía indígenas (1850-1950),* ed. Lorena Córdoba, Federico Bossert & Nicolas Richard (San Pedro de Atacama: Ediciones del Desierto, 2015), pp. 45-64; Cesar Ceriani Cernadas y Víctor Hugo Lavazza, "'Por la salvación de los indios': un viaje visual a través de la misión evangélica de Embarcación, Salta (1925-1975)," en *Corpus: Archivos virtuales de la alteridad Americana* 7, 2 (julio/diciembre 2017): *https://doi.org/10.4000/corpusarchivos.1964* [Consultado 28/02/2022]; César Ceriani Cernadas, "Fronteras, espacios y peligros en una misión evangélica indígena en el Chaco Argentino (1935-1962)", CONICET / FLACSO, Sede Argentina Hugo Lavazza Universidad de Buenos Aires: *file:///C:/Users/Owner/Downloads/Dialnet-FronterasEspaciosYPeligrosEnUna MisionEvangelicaInd-5065990.pdf.* [Consultado 25/07/2022].

menudo se hace referencia en apoyo de la teoría de los 'orígenes múltiples' o 'generación espontánea' es el de Willis Hoover en Chile. Los misioneros argentinos lo conocían y estaban en contacto con él, pero también con otros (y antes) misioneros pentecostales en Chile. Hoover era sólo un evangelista pentecostal; uno exitoso, pero uno más.

Las cuestiones financieras son cruciales para trabajar y vivir en un contexto extranjero. Todos los misioneros argentinos participaron en campañas publicitarias, incluido Johnsen. Escribió cartas para ser impresas en periódicos pentecostales en Noruega, Suecia y los Estados Unidos pidiendo apoyo, normalmente de manera bastante digna. Las cartas se publicaron en estas publicaciones periódicas; el porcentaje publicado es incognoscible. Los fondos enviados al editor de la revista se consolidaron y se enviaron a los escritores de cartas. Las cantidades documentadas nunca fueron lo suficientemente grandes como para construir reinos religiosos significativos. No hay registro de consejos dados a Johnsen, o de demandas hechas, por los editores, tesoreros, donantes o líderes de las denominaciones pentecostales en evolución. En el caso de Berger N. Johnsen, las iglesias pentecostales de Noruega, Suecia y los Estados Unidos no tenían poder para dirigir o incluso sugerir políticas para la obra en Argentina. Las denominaciones en estos países aumentaron y disminuyeron en su apoyo financiero a medida que evolucionaron sus propios contextos económicos. Por lo tanto, los esfuerzos de Johnsen para desarrollar iglesias y ministerio descansaron sobre sus hombros, y los de sus conversos, durante las primeras décadas en Argentina.

Finalmente, se ha argumentado que el marco religioso traído por Johnsen a Argentina fue bastante poco desarrollado, diverso y evolucionó con una interacción mínima con figuras pentecostales noruegas o norteamericanas, pero con una participación íntima en el contexto de Argentina. Se basó en los Movimientos Radicales de Santidad de Noruega. Pero para Johnsen, los desarrollos religiosos, sociales, económicos y culturales en Argentina fueron fundamentales para su pensamiento y acción.

Por lo tanto, el trabajo misionero de Johnsen en Argentina puede verse como un paso hacia la descolonización de la misión cristiana. El suyo no fue el único. Pero era uno.

Implementación de procesos de mentoría para jóvenes con llamado pastoral

Daniel omar muñoz lem

Introducción

En esta presentación empezamos definiendo el concepto mentoría y luego desarrollaremos un marco teórico que nos permitirá enfatizar la importancia de la mentoría en el ministerio. Para iniciar partiremos con la definición de mentoría según la plantean Single y Müller.[1] Para estos, se trata de una relación formal o semiformal entre un mentor, y otro individuo con menos experiencia, con el objetivo final de desarrollar las competencias deseadas para desarrollar la capacidad que el recién llegado adquiere con la ayuda del mentor.

La vida ministerial y sus demandas de aprendizaje permanente, ha puesto de relieve la responsabilidad de la iglesia de facilitar el acceso a la ruta ministerial a los potenciales candidatos al ministerio pastoral. Estos deben ser orientados, además de acompañados intencional-mente en todo el proceso hasta llegar al ejercicio formal de tal ministerio.

Observando los procesos de acompañamiento de algunas universidades en este contexto de la mentoría, se puede ver que esta

---

[1] Single P. Boyle y C. B. Müller, "Electronic Mentoring Programs: a model to guide practice and research." *Mentoring and Tutoring* 13.2 (2005), pp. 305-20.

disciplina se desarrolla a través de la orientación al estudiante, especialmente en su fase de transición temprana, lo cual constituye un elemento central de calidad institucional y contribuye con desarrollo comunitario y la integración del estudiante.[2]

Las instituciones seculares han encontrado mayor funcionalidad en el proceso de introducción de sus estudiantes. El modelo de mentoría agrega calidad institucional, mejorando considerablemente la calidad en la selección y el desarrollo sustancial en los elegidos.

Por otro lado, las iniciativas de mentoría electrónica entre pares son cada vez más comunes en algunas universidades, como estrategia para reducir el aislamiento y la distancia entre estudiantes, facilitando la colaboración entre pares. Lo anterior, crea sentido de comunidad entre los estudiantes y facilita la creación de nuevos programas orientados a mejorar el acceso, apoyo y orientación.[3] Esto muestra que además de desarrollar un programa de mentoría intencional en sus procesos institucionales, se hace uso de los recursos tecnológicos para mantener la continuidad del proceso y acortar distancias.

Un análisis exhaustivo del proceso de mentoría en el contexto de la iglesia local y la labor pastoral es esencial en la búsqueda de respuestas a las preguntas de mentoreo. Esta es una actividad fundamental en la formación de ministros jóvenes y en la inserción de los futuros pastores. La mentoría, es el proceso de relación entre el joven ministro con la iglesia (pastor y autoridades vivas para el desarrollo ministerial), por lo tanto, debe construirse con intencionalidad y dedicación.

Una cantidad significativa de líderes jóvenes llegan al ministerio sin el acompañamiento intencional requerido. Al parecer, no existe una cultura de mentoreo intencional en la estructura de la iglesia. Con algunas excepciones, la mayoría de los ministros jóvenes necesitan hacerse de conexiones para crecer ministerialmente y, en el mejor de los casos, estos optan por la ruta de la educación para abrirse paso al ministerio.

A causa de la falta de mentoría, hay desconocimiento de oportunidades, falta de desarrollo del potencial, los ministros buscan

---

[2] Single y Müller, "Electronic Mentoring Programs" p. 305.

[3] Single y Müller, "Electronic Mentoring Programs" p. 306.

otras alternativas vocacionales y reciben ideas erróneas. Si los líderes jóvenes fueran mentoreados existirían procesos de relevo intencionales y la iglesia estaría lista para el futuro pastoral de las próximas generaciones.

David Shenk en *El Llamado de Dios a la Misión* describe la experiencia de un grupo en una iglesia en Alta Verapaz, Guatemala:

> Una excelente característica del liderazgo *K'ekchí* es la convicción de que todos los que han sido ungidos y dotados para el ministerio pastoral u otro ministerio dentro de la iglesia deben tener la oportunidad de expresar y desarrollar esos ministerios. Es usual que un pastor deje su posición visible de liderazgo después de varios años para dar a otros la oportunidad de desarrollar sus dones pastorales.

> Los pastores con experiencia podrían trasladarse a comunidades en donde no hay iglesia y comenzar nuevas congregaciones. O podrían descansar por algún tiempo hasta estar listos para aceptar nuevas responsabilidades de liderazgo. Lo que impulsa a esos sabios pastores *K'ekchí* es esto: capacitar a todos los que han sido ungidos para liderazgo a desarrollar sus dones.[4]

Orgánicamente se muestra un modelo de relevo sin interrupción, el cual propone impulsar al candidato ministerial cediendo el espacio y con una capacitación intencional, según su competencia. Este ejercicio fortalece a las iglesias en este sector y promueve constantemente un crecimiento saludable y multiplicador.[5]

Por su parte, Idalberto Chiavenato en su libro *Gestión del talento Humano* describe la acción de la mentoría como un agente de cambio. Es una persona de adentro o fuera de la organización que conduce el proceso de cambio en una situación organizacional.[6] En todo caso, el Espíritu de Dios dirige el proceso desde su trono, conectado a su

[4] David W. Shenk, *El Llamado de Dios a la Misión* (Ciudad de Guatemala: Ediciones Semilla, 1998), p. 156.

[5] Naomy Dowdy, *Avanzando y Ascendiendo* (Dallas, TX: Global Leadership, 2013), p. 122.

[6] Idalberto Chiavenato, *Gestión del Talento Humano* (Ciudad de México: Mcgraw-Hill, 2015), p. 122.

gran propósito y paralelamente usa a sus líderes para guiar, acompañar y respaldar los candidatos a la gestión asignada.

Modelo bíblico de mentoría

Veamos el modelo de Bernabé en su gestión de mentoría con Juan Marcos. Y como ejemplifica la mentoría como un estilo de vida que resalta las características del mentor y el mentoreado.

El ministerio tiene bondades, te permite interiorizar en muchas realidades espirituales, experiencias de crecimiento y desarrollo. La iglesia de Cristo se enfrenta constantemente a cambios sociales, el crecimiento como tal debe ser orgánico e intencional. Debemos estar preparados para crecer, es decir preparar a las próximas generaciones.

Sensibilizarse sobre la importancia de ser agentes de cambio y unirse a las filas del ministerio. Sin embargo, para esto se requiere diseñar procesos de mentoría intencionales para jóvenes ministros. Para Pablo y Bernabé esto no fue fácil, no se trataba de contrastes teológicos, sino de diferencias de temperamento y de intereses personales. También los hombres de la iglesia primitiva tenían dificultades con su estado de humor.[7] Eran grandemente usados por Dios, pero seguían siendo hombres que maduraban ministerialmente.

Juan Marcos fue inmensamente afortunado de tener a Bernabé como pariente y como amigo. Este acabó rehabilitándose. Fue Bernabé el que le devolvió la confianza en sí mismo y le ayudó a ser fiel.[8] Al final del camino Juan Marcos se convirtió en un instrumento refinado para la misión de Dios. Pasó todo su proceso de mentoreo y el mismo Pablo lo envió por él. "Toma a Juan Marcos y tráelo contigo; porque me es útil para ministrar" (2 Tim 4:11).

Todo líder debe dejar una semilla, la Biblia está llena de hombres que dejaron un legado sobre la tierra.[9] Deben ser intencionales al preparar a otros, empoderándolos para que la misión de Dios se construya de generación en generación.

En este tiempo, una de las necesidades que estamos enfrentando es el de una iglesia que practique la mentoría como un estilo formal

---

[7] Serafín de Ausejo, *Comentario Nuevo Testamento* (Barcelona, España: Editorial Herder, 1975), p. 134.

[8] William Barclay, *Comentario Bíblico* (Barcelona, España: Editorial Clie, 2006), p. 34.

[9] F. B. Meyer, *Through the Bible Day by Day* (Estados Unidos: Kindle, 1914), p. 9.

de empoderar a los discípulos. El desgaste de los pastores actuales, con edades promedios entre los 50 y 65 años es notable. Para algunos de ellos la pandemia se convirtió en una prueba insuperable. Les afectó sus operaciones diarias, su estabilidad económica y, su proyección ministerial, entre otras. Fueron los jóvenes, quienes enfrentaron los desafíos virtuales de algunas congregaciones. Los pastores quienes se movieron a la virtualidad para realizar sus reuniones lo hicieron con el respaldo total de los jóvenes.

El desafío de la iglesia presente es mentorear a los ministros jóvenes, para que en el futuro puedan servir como los pastores. Para esto se requiere mentores como Bernabé, que crean en los nuevos pastores, en su mayoría jóvenes. Estos necesitan que la iglesia crea en ellos, que sus pastores crean en ellos y les enseñen a creer en ellos mismos.

La mentoría como un Estilo de vida

El modelo de Bernabé (mentoría intencional) ofrece un recurso valioso a la iglesia del presente. Bernabé no juzga a Juan Marcos, no lo rechaza, ni lo condena y, no da nada por sentado hasta que pueda intervenirlo. Bernabé aporta, enseña, cura, dirige y redefine a un potencial ministro en bruto. Juan Marcos necesitaba ser regulado. Ese es el trabajo de un mentor, porque el joven ministro tenía mucho potencial, pero poco enfoque ministerial.

Veamos algunos aspectos que debe trabajar el mentor en la formación del nuevo ministro.

Aprendizaje constante

En el proceso de mentoreo se debe tomar en cuenta que un error no debe desvirtuar la proyección futura de un ministro de Dios. Los desaciertos son comunes cuando se emprenden nuevos retos y desafíos ministeriales, se aprende mucho de ellos.

Segundas oportunidades

Las segundas oportunidades nunca dejarán de existir, así que si se insistente como lo hizo Juan Marcos y Bernabé. Falló la primera vez, pero lo volvió a intentar. El día que lo intentó con Pablo no lo logró, pero años después fue convocado por el mismo hombre que lo rechazó atrás.

Dedicación

Dedicarse a un individuo puede asegurar la bendición de muchos en el futuro. No siempre el propósito de un líder debe ser estar rodeado de multitudes, sino de ser un recurso para la multitud y los individuos. El trabajo del mentoreo conlleva acompañamiento personalizado lo cual genera confianza y crecimiento continuo en el nuevo líder.

Desarrollo Integral

Los modelos que transforman vidas son los que se enfocan totalmente el desarrollo de los discípulos. Responden a sus necesidades de manera integral. Bernabé lo hizo y tuvo excelentes resultados en la vida de Juan Marcos porque le dedicó tiempo, lo comprendió, lo acompañó, lo ministró, lo enseñó y, sobre todo, lo formó.

Ser enseñable

La disposición para formar líderes y restaurarlos cuando fallan se encuentra regularmente en la ruta que marca el destino de los jóvenes. Juan Marcos permitió que Bernabé lo ayudara. Esa decisión lo mantuvo vigente dentro del propósito divino. Así que es relevante permitir a otros enseñarnos. Es importante confiar en la visión del mentor bien intencionado.

En el camino por la ruta pastoral regularmente se transita solo, bajo la dirección providencial de Dios. Si la presencia humana es limitada, esa realidad puede cambiar si se toma en cuenta lo relevante que es relación de pacto entre un mentor y su discípulo.

Educar ministros para superar los conflictos generacionales

Se entiende por educar según la Real Academia Española: el desarrollar o perfeccionar las facultades intelectuales y morales del niño o del joven por medio de preceptos, ejercicios y ejemplos. Se educa a través de la inteligencia y la voluntad.[10]

El Banco Mundial en su artículo "Entendiendo la Pobreza" describe la educación como:

---

[10] Diccionario de la Lengua Española, s.v. "Educar", recuperado el 20 de diciembre de 2022, *https://dle.rae.es.*

La educación es un derecho humano, un importante motor del desarrollo y uno de los instrumentos más eficaces para reducir la pobreza y mejorar la salud, y lograr la igualdad de género, la paz y la estabilidad. Además de generar rendimientos elevados y constantes en términos de ingreso, constituye el factor más importante para garantizar la igualdad y la inclusión.[11]

Solo una educación adecuada puede fomentar un mayor desempeño en las personas. Los resultados de educarse pueden ser interminables si navegamos por la ruta correcta y la humildad para aprender en todos los niveles de la vida.

Por otro lado, la generación emergente nace en un contexto ligeramente parecido al de quienes le preceden. Los cambios culturales, a través del impacto posmoderno, los desafíos tecnológicos y la desigualdad social inciden considerablemente en este grupo.

El artículo "El conflicto generacional: Formación y Estudios" describe el conflicto generacional de la siguiente manera:

A lo largo de la educación y formación que los niños reciben llega un momento en el que comienzan a aparecer discrepancias y el receptor (niño) no se muestra tan abierto a sugerencias y consejos con respecto al emisor (adulto). Ocurre en la adolescencia y viene a denominarse comúnmente como conflicto generacional, una circunstancia personal, y transitoria, entre ambas partes implicadas en el proceso educador (profesor, padres, tutores y jóvenes) y que pone en contraposición las experiencias de cada una de ellas.[12]

Es evidente que esta generación nace con procesos, características y una cosmovisión diferente a la que le precede. Así que es importante mejorar la capacidad de conectarnos entre una generación y otra, ya que los conflictos generacionales en cada época histórica permiten estudiar y entender mejor la cultura.

El *Centro Internacional para el Envejecimiento* afirma que "Una brecha generacional es la diferencia de opiniones, habilidades, valores,

[11] "Entendiendo la Pobreza- Educación", Grupo Banco Mundial, última modificación Oct 11, 2022,
https://www.bancomundial.org/es/topic/education/overview#:~:text=La%20educaci%C3%B3n%20es%20un%20derecho,la%20paz%20y%20la%20estabilidad.

[12] "El conflicto generacional", Formación y estudios, última modificación el 14 de febrero de 2012, *https://www.formacionyestudios.com/el-conflicto-generacional.*

actitudes y creencias entre una generación y otra. Esta expresión se utiliza casi siempre para referirse a las diferencias entre los jóvenes y los que son ciertamente mayores que ellos, como sus padres o abuelos."[13] La misma realidad se exhibe en el contexto ministerial, donde se observa grandes brechas entre una generación y otra, manteniéndoles distanciados en el camino hacia sus vocaciones.

Además, las referencias históricas muestran un desarrollo de la sociedad, a través de los tiempos. Esto provoca ciertos conflictos que al no ser bien comprendidos pueden convertirse en problemas entre una generación y otra. Por ejemplo, el modernismo y pos-modernismo convergen en diferentes comunidades latinoamericanas, provocando fenómenos sociales complejos para los sectores antes mencionados.

En el período moderno, según David Naugle, el centro de gravedad se trasladó de Dios al hombre de las Escrituras a la ciencia y de la revelación a la razón. Con la confianza de que los seres humanos, comenzando consigo mismos y sus propios métodos de saber, podrían obtener una comprensión del universo, al menos de sus realidades si no de sus valores.[14]

Aquí vemos como el hombre en su crecimiento, desarrollo y aportes se convierten en el centro de los avances sociales y culturales. Luego aparece el posmodernismo con sus mega -relatos, sin absolutos. Sin duda que sus valores se contraponen contra los valores del cristianismo bíblico.[15]

El líder de hoy debe conocer su mundo y saber entender hacia donde encaminar su liderazgo, a fin de ser protagónico en esta parte de la historia que corresponde vivir. No se debe dirigir la iglesia desde el anonimato, ni encerrados en una burbuja religiosa, sino manifestar el poder transformador del evangelio.

---

[13] "Cómo desactivar los conflictos generacionales", Cenie, Sociedad, *https://cenie.eu/en/node/13631.*

[14] David K. Naugle, *Worldview: The History of a Concept* (Grand Rapids, MI: Eerdmans, 2002), 174.

[15] Edgar Menéndez, *"Desafíos para El Ministerio en un Mundo Complicado", Reflexiones para el liderazgo, el ministerio pastoral y la educación teológica.* (Guatemala: Seminario Teológico Nazareno, 2011), p. 17.

Las Generaciones emergentes en la actualidad

En este contexto, describiremos el concepto generación emergente con mayor amplitud. Además, realizaremos una descripción de las diferentes generaciones que impactan al contexto eclesial panameño. Revisaremos sus características más importantes, sus prácticas comunes y analizaremos la forma en la que perciben la vida. Esto lo haremos para encontrar su impacto e influencia en las iglesias; pero distinguiendo el gran porcentaje de adolescentes y jóvenes en sus respectivas congregaciones como evidencia de la actitud de ellos y la forma en la que experimentan la fe pentecostal.

En la iglesia de Dios en Centroamérica el termino fue acuñado en el año 2013 por Carlos Jiménez. Al respecto, Jiménez dijo, "Mi papel fue implementar el nuevo termino y hacerlo popular como resultado de mi nombramiento como director Centroamericano de Generación Emergente en Julio del 2013."[16]

Según el diccionario de la Real Academia Española, una generación se define como un "conjunto de personas que, habiendo nacido en fechas próximas y recibido educación e influjos culturales y sociales semejantes, adoptan una actitud en cierto modo común en el ámbito del pensamiento o de la creación.[17] Entonces, para esta presentación las generaciones emergentes se identifican con la espiritualidad pentecostal de la Iglesia de Dios de Panamá en relación con sus líderes.

Acá es relevante distinguir que el concepto 'generación' ha adquirido diversas tonalidades dependiendo del enfoque de quien lo aborda. Para Kertzer la palabra 'generación' se asocia con parentesco; con personas que tienen la misma edad y comparten momentos históricos, con etapas de la vida como la juventud, madurez o vejez, entre otras asociaciones.[18]

Se entiende que cada generación tiene particularidades y rasgos característicos, diferencias en fecha de nacimiento. Una generación se ha enfrentado a contextos culturales, políticos y sociales diferentes

---

[16] Carlos Jiménez, entrevistado por Daniel Muñoz, Panamá, 12 de abril de 2023.

[17] Diccionario de la Lengua Española, s.v. "Generación", recuperado el 20 de diciembre de 2022, *https://dle.rae.es.*

[18] Kertzer D. I., "Generation as a sociological problem", *Annual review of sociology* vol. 9 (1983), pp. 125-49.

y conciben las relaciones con sus líderes y pares de una forma diferente. Exhibe un comportamiento fuera de lo común para las generaciones que le precedieron. Si los miembros de una no son tratados saludablemente podrían terminar sufriendo de crisis de identidad y distanciamiento social.

Existe, por lo tanto, una brecha generacional que presenta desafíos complejos para el desarrollo de la misión y la labor del líder. Específicamente la conexión entre una generación y otra es frágil en algunos contextos eclesiales a causa de cambios abruptos que se dan, por el desconocimiento de los nuevos códigos culturales en las nuevas generaciones.

De ahí resulta necesario describir eficientemente, las generaciones presentes e influyentes en el contexto panameño e identificar sus mayores bondades para este estudio. El filósofo Ortega afirmó que la propia historia no tenía sentido sin las nuevas generaciones. Que era vital comprender los mecanismos que rigen a las generaciones en un mismo período de tiempo. Este es conocido por su frase, "Yo soy yo y mi circunstancia y si no la salvo a ella no me salvo yo,"[19] que resume el elemento clave para definir a una generación—sus circunstancias.

En los siguientes párrafos se incluye una perspectiva resumida de las generaciones *Baby Boomer,* Generación X y Generación Y o Mileneales y la generación Z, haciendo énfasis en aspectos como actitud hacia el trabajo, principales motivantes y sus preferencias en educación.[20]

Baby Boomers

Esta generación nació entre los años 1946 y 1964 y tienen entre 52 y 70 años. Se denominan Baby Boomers porque luego de la Segunda Guerra Mundial y con el regreso de los soldados a sus países se

[19] Núria Vilanova e Iñaki Ortega, *Generación Z* (Barcelona, España: Plataforma, 2017), p. 23.

[20] Claudia Díaz-Sarmiento, Mariangela López-Lambraño, y Laura Roncallo-Lafont. "Entendiendo las generaciones: una revisión del concepto, clasificación y características distintivas de los baby boomers, X y millennials." *Clío América* 11.22 (2017). *https://revistas.unimagdalena.edu.co/index.php/clioamerica/article/view/2440.* Recuperado 10 marzo 2023.

experimentó un período de crecimiento de la economía y aumento en el número de los nacimientos en las familias. Se caracterizan por tener familias numerosas, ser conservadores y valoran el tener un trabajo de por vida.[21]

Algunas de sus principales características son: valorar la libertad individual. Este grupo se asocia con la lucha por los derechos civiles. Han sido radioescuchas, recibieron la televisión en blanco y negro, migraron a las imágenes a color, presenciaron los auges de la beta, VHS, DVD y Blu-ray, conocieron la línea del antes y después de Internet y están en las redes sociales.

En cuanto sus aspiraciones futuras, un 60% buscan estar en forma y saludable, mientras que un 44% dice que su prioridad es tener tiempo para la familia, mientras que un 21% asegura que prefiere mejor hacer dinero y por último un 11% tener una carrera satisfactoria.[22]

La mayoría de los pastores en la Iglesia de Dios en Panamá actualmente son parte de esta generación de Baby Boomers y a muchos de ellos les resulta un gran desafío relacionarse correctamente con las generaciones emergentes. De ahí la urgente necesidad de acortar la brecha generacional entre ambas instancias, por medio de la enseñanza, intervención y dirección del Espíritu Santo.

Generación X

Esta generación se inicia en 1965 y termina en 1984. Esta generación se encuentra actualmente en las edades de 38 hasta 57 años. Proceden de los Baby Boomers y son padres de los Mileniales y de los Centeniales. Actualmente están en cargos de mando medio y alto, los X crecieron bajo la sombra de los Baby Boomers y fueron protagonistas del consumismo de los 1980.[23]

[21] Philip Kotler y Kevin L. Keller, *Marketing Managemente* (Nueva Jersey, NJ: Grada Publishing, 2013), pp. 46-54.

[22] Kotler y Keller, *Marketing Management*, p. 53.

[23] Claudia Díaz-Sarmiento, Mariangela López-Lambraño, y Laura Roncallo-Lafont. "Entendiendo las generaciones: una revisión del concepto, clasificación y características distintivas de los baby boomers, X y millennials." *Clío América* 11.22 (2017). *https://revistas.unimagdalena.edu.co/index.php/clioamerica/article/view/2440*. Recuperado 11 marzo 2023.

El reportero Robert Capa, en los años 50, habló en un ensayo por primera vez de una generación de jóvenes nacidos tras las guerras que él mismo cubrió como fotógrafo que eran todo un misterio y, la catalogó como X: Tuvieron que pasar algunos años hasta que, en 1991, un libro firmado por el escritor canadiense Coupland con el título *Generación X* hablase de las nuevas clases medias norte-americanas, que eran desconocidas por el público.

El término triunfó en los medios de comunicación para referirse a los jóvenes seguidores del canal de música MTV. Estos jóvenes vivieron el esplendor del consumismo y la obsesión por el triunfo a toda costa de esa época.[24]   Algunas de sus características son: el nacimiento de la Internet y la burbuja del '.com'. En la década de los 90, la familia todavía tenía un valor alto como generación, pero los jóvenes se mostraron más abiertos a la diversidad sexual, de raza y política. A nivel religioso, seguían profesando una religión, pero no eran tan devotos y constantes como las generaciones previas.[25]

Esta generación es estable y cambiante a la vez, no desmejora su vida, pero está dispuesta al cambio convenientemente. De la misma forma, propone una actitud correcta a la fe y a escuchar otras opciones religiosas. Al ser afectada por cambios abruptos, se acostumbró a ellos para vivir cómodamente en su entorno.

Generación Y o Mileniales

La generación Y o Mileniales son aquellos nacidos entre 1985 y el 2005. Los Y son los últimos hijos de los últimos Boomers y los primeros de los X. Estos crecieron en una cultura de niños protegidos y queridos.[26] Son conocidos también como la generación del milenio. Jóvenes que se han hecho mayores con el nuevo siglo. Están entre los treinta y cuarenta tantos años y han sido profusamente etiquetados: selfi, jóvenes bostezo, no se han ahorrado calificativos para definirlos: digitales, perezosos, individualistas, apolíticos, narcisistas y aburguesados. También están los que les auguran el

---

[24] Iñaki Ortega y Nuria Vilanova, *Generación Z* (Barcelona, España: Plataforma, 2017), p. 22.

[25] Kotler y Keller, *Marketing management*, p. 53.

[26] Díaz, López y Roncallo, *Entendiendo las generaciones: Baby Boomers, X y Millennials*.

teletrabajo o la vuelta al campo subsistiendo con un huerto y el sistema del trueque.[27]

Esta generación en particular experimentó muchos cambios acelerados y sin previo aviso, en consonancia a los surgimientos tecnológicos y fenómenos sociales. Para los líderes mileniales, un líder es una persona que motiva, inspira, construye un equipo e impulsa el cambio. En el liderazgo, ponen énfasis en la influencia, la figura del líder como inspirador y modelo. Los líderes mileniales priorizan un liderazgo inspirador que orienta a las personas frente a modelos directivos, más burocráticos o tradicionales.[28]

Nativos digitales o Generación Z

La Generación Z la componen los jóvenes nacidos a partir de 2005. Los Z no cabalgan entre lo analógico y lo digital como sus hermanos mayores, los mileniales, sino que son 100% nativos digitales porque se han educado y socializado con la Internet plenamente desarrollada. Estos dominan a la perfección las herramientas de la nueva economía y la sociedad en la que viven, porque no han conocido otra cosa desde que nacieron. Eso les otorga el poder del conocimiento, lo que les ha hecho perder el respeto y, por tanto, comportarse irreverentemente con padres, jefes y profesores.[29]

Esta generación es altamente sensitiva. Como puede ser un gran recurso para la misión, si es orientada y mentoreada correctamente o, puede alejarse y convertirse en disidente de la fe a causa de la incapacidad de algunos sectores cristianos de evolucionar en la práctica de la misión.

Las generaciones emergentes están totalmente expuestas a los fenómenos sociales actuales. Es responsabilidad pastoral identificarse con estas subculturas por medio de la encarnación del evangelio de Cristo. Es necesario provocar un ambiente favorable, que proponga un diálogo para mejorar la transición de una generación a otra.

El fenómeno posmoderno en la cultura latinoamericana podría ser el mejor escenario para transformar a las generaciones emergentes.

---

[27] Kotler y Keller. *Marketing management,* p. 53.

[28] Talent Solutions, "Right Management," (2020): *https://www.rightmanagement.es/* Recuperado 10 marzo 2023.

[29] Kotler y Keller. *Marketing Management,* p. 55.

Los jóvenes no son apegados a absolutos, sino que viven y se adaptan a lo más conveniente. Aunque con las acciones debidas, esta es precisamente la mejor oportunidad para modelarles los absolutos de la fe.[30] Esto hace relevante a una pastoral renovada, con programa de relevo intencional que perpetúe el diseño de una iglesia pertinente y saludable.

Estudiar Modelos Seculares de Relevo

El relevo generacional es también llamado sucesión. Implica un traspaso del poder de una generación a otra, a fin de que la organización se mantenga operativa y pueda entregar a tiempo las tareas a los equipos de trabajo.[31] El relevo generacional es uno de los procesos más críticos, difíciles y complicados. Por ello debe planificarse con tiempo y estar consciente del momento correcto cuando debe realizarse. El cambio de mando requiere un proceso inteligente, guiado por procesos serios que buscan la mejora y el desarrollo de la organización.

En la sociedad actual se desarrolla diferentes procesos de mentoría que proporcionan modelos de relevo intencional a las instituciones. Se habla de mentoría formal e informal, mentoría exprés, 'Peer to peer' (entre pares), 'Reverse mentoring' (a la inversa), Mentoría grupal, entre otras.[32] Esta descripción nos muestra el avance en la sociedad sobre la gama existente de procesos de mentoría que están a la disposición de los líderes emergentes.

Las entidades educativas como la Universidad de Panamá en el 2016 aprobaron el 'reglamento de Relevo Generacional':

> Artículo1: Crease el programa de relevo Generacional que acoge a los egresados panameños de excelencia académica de una primera

---

[30] Theo Donner, *Posmodernidad y fe: una cosmovisión cristiana para un mundo fragmentado* (Barcelona, España: Editorial Clie, 2016), pp. 25-38.

[31] Susana Serrano, "Prepara tu partida con altura, haz un buen relevo generacional" *crejana for business* (25 junio 22): *https://www.crehana.com/blog/transformacion-cultural/relevo-generacional/* Recuperado 11 marzo 2023.

[32] Cognos Online, "Seis tipos de mentoring para fomentar el aprendizaje en tu empresa" *Lideres en transformación digital* (28 diciembre 2018): *https://www.cognosonline.com/blog/6-tipos-de-mentoring-para-fomentar-el-aprendizaje-en-tu-empresa/* Recuperado 10 marzo 2023.

carrera de grado de la Universidad de Panamá u otras Universidades, para que realicen estudios en el extranjero a nivel de maestrías y/o doctorado en universidades acreditadas y de reconocido prestigio y que cumplan con el perfil establecido en el artículo 3 de este Reglamento de Relevo Generacional, que son postulados por la unidad académica de acuerdo a sus necesidades de personal académico, según estudio realizado al respecto.[33]

Al retornar de sus estudios el estudiante tiene el compromiso de presentarse a la Vicerrectoría académica para seguir el protocolo establecido, mostrando los comprobantes de culminación exitosa carrera. Luego es introducido a una plaza laboral como parte de un plan de relevo generacional. Se entiende que a nivel empresarial las grandes corporaciones se preparan intencionalmente y con tiempo para heredar posiciones o establecer un relevo. Muchos de los fundadores de empresas decidieron con anticipación su retiro, analizando y estudiando a la siguiente generación para entregar la empresa en la siguiente temporada.

Estos modelos pueden ser utilizados o compartidos dentro del panorama ministerial. Estudiar modelos de relevo estimula la comprensión del futuro de la iglesia y prepararía un relevo intencional y saludable que sostenga el crecimiento y avance de esta.

Para Rubertoni López Palacios,

El relevo generacional nace con el objetivo de potenciar y consolidar. Por analogía se ha aplicado esta palabra a todas aquellas situaciones en las que las personas que en su puesto o función ya no pueden dar todo el rendimiento exigible. Estas son sustituidas por otras de renuevo, que están con todas las energías.[34]

Este es uno de los desafíos más graves con que se enfrentan no sólo los estados, los pueblos, la banca, la comercialización, la producción, sino también la iglesia. El relevo generacional es una cuestión que debe ser abordada con determinación, buscando a la

---

[33] "Ley de Programa de Relevo Generacional", Reunión No. 7-16, Consejo General Universitario acuerdos (16 de junio de 2016, Panamá), Artículo 6.

[34] José Javier Rodríguez Alcaide, Maribel Rodríguez Zapatero, y Magdalena Rodríguez Jiménez. "El relevo generacional en la empresa familiar," *Cuadernos de Reflexión de la catedra Prasa de empresa familiar* 5 (2007), pp. 22-9.

persona idónea para asumir una posición de autoridad que permita el avance y crecimiento de la obra de Dios.[35]

Serrano describe tres tipos de relevo, que a continuación describiré:

Relevo generacional planificado

Plantearlo con tiempo facilita una transición saludable de la generación saliente (sucedido) a la entrante (sucesor) de forma ordenada y consensuada.

Relevo generacional por necesidad

El relevo generacional por necesidad se presenta cuando no ha habido una planificación y cuando el fundador o jefe actual se da cuenta que está perdiendo facultades o que sus prioridades han cambiado, y desea ser relevado cuanto antes.

Relevo generacional inesperado

Cuando falta el empresario y el relevo generacional no ha sido planificado de antemano (porque se pensaba que aún había más tiempo), suele suceder que la siguiente generación se encuentra de golpe con que ha heredado la dirección de la organización.[36]

Ante cualquiera de estos tipos de relevos, las organizaciones de cualquier naturaleza deben estar preparadas para gestionar los procesos de sucesión, con capacidad. Es importante hacer una revisión periódica de la organización, preparar intencionalmente a nuevos líderes, identificando los posibles sucesores y formarlos anticipadamente. Es importante crear un plan de relevo, aunque no se considere necesario y que se entienda que hace falta mucho tiempo para realizarlo.

En gestión empresarial se utiliza el término 'Reserva de talento':

> Un grupo de candidatos con alto desempeño, potencial o conocimiento al cual se capacita y desarrolla para asumir posiciones, con mayores retos y responsabilidad, cuando surja una vacante, se

---

[35] Rodríguez Alcaide, y otros, "El relevo generacional en la empresa familiar," p. 25.

[36] Serrano, "Prepara tu partida con altura, haz un buen relevo generacional."

conoce como reserva de talento. Estos candidatos pueden ser recomendados por sus gerentes o ser escogidos mediante métodos de evaluación objetivos. La organización solo se compromete a ayudar a los candidatos a prepararse y capacitarse mientras que los candidatos se comprometen a continuar desempeñándose bien en sus posiciones actuales a la par que se entrenan para asumir mayores responsabilidades.[37]

La iglesia nacional cuenta con el personal humano necesario para desarrollar este tipo de estrategias y mantener permanentemente una reserva de talento intencional, guiada y validada desde todas las oficinas en función.

Por otro lado, un plan de sucesión pastoral debe estar alineado con la estrategia de la iglesia local y las metas de la denominación, así como con su visión y valores de liderazgo (Plan de acción local). Debe existir una cultura de aprendizaje y un liderazgo comprometido con el entrenamiento y mentoreo de las generaciones de relevo. Contar con el apoyo del Supervisor Nacional en la evaluación y desarrollo del consejo territorial, para evaluar a futuros líderes y pastores en la proyección futura de la iglesia.[38]

La iglesia necesita renovar al liderazgo, seleccionando a hombres y mujeres llamados por Dios y desarrollados ministerialmente dentro de la iglesia local. La iglesia organizada define sus metas, busca su alcance desde el llamado y la asignación divina. A esta le corresponde verificar y preparar el futuro relevo con recursos humanos que favorezcan el futuro de la iglesia.

Superar ideas erróneas y falsas expectativas sobre el ministerio

Para elaborar sobre este tema, revisaremos las funciones de un pastor según la segunda carta del apóstol Pedro:

> Ruego a los ancianos que están entre vosotros, yo anciano también con ellos, y testigo de los padecimientos de Cristo, que soy también

---

[37] Manuel Bermejo, "El relevo generacional en la empresa: dos visiones", *Gestión* (abril 2015): 5. *https://gestion.com.do/el-relevo-generacional-en-la-empresa-dos-visiones/*. (Recuperado 11 marzo, 2023).

[38] Bermejo, *El relevo generacional en la empresa: dos visiones*, p. 7.

participante de la gloria que será revelada: Apacentad la grey de Dios que está entre vosotros, cuidando de ella, no por fuerza, sino voluntariamente; no por ganancia deshonesta, sino con ánimo pronto; no como teniendo señorío sobre los que están a vuestro cuidado, sino siendo ejemplos de la grey. Y cuando aparezca el Príncipe de los pastores, vosotros recibiréis la corona incorruptible de gloria (2 Pe 5:1-4).

La exhortación al pastor en función es apacentar. Es un llamado a cuidar, alimentar, curar, enseñar a la congregación. Esta labor se debe realizar pensando en tres aspectos que exhibe el pasaje: no por fuerza, no por ganancia deshonesta y no teniendo señorío de las personas. Estos tres aspectos curan la gestión pastoral de un ministro, al no crear ideas erróneas y falsas expectativas del ministerio. El ministerio pastoral debe ser considerado con la seriedad que merece. Una buena obra, realizada por hombres piadosos, que hayan experimentado la gracia de Dios, que sean modelos o ejemplos de la vida de Cristo a los discípulos.

El escritor Miguel Núñez define la laboral pastoral así: "¡Este es el ministerio pastoral! Morir a ti mismo para que otros tengan vida, morir a tus deseos, tus aspiraciones y a tus sueños; morir a tus 'derechos' y a aquellas cosas que deseas realizar de este lado de la eternidad para pastorear el rebaño de Dios."[39] Es un privilegio hermoso con mucho sacrificio en pos del crecimiento y desarrollo de las personas a las que se cuida. Los pastores tienen toda clase de desafíos y conflictos. Además, la cantidad de roles que asumen en la práctica ministerial pueden desvirtuar su función y proyectar ideas erróneas del ministro y sus verdaderas funciones no son bien atendidas.[40]

Ser pastor no es fácil, ya que el ministerio no es una opción, sino una vocación divina. Pablo declaró, "Y a unos los constituyó apóstoles, a otros profetas, a otros evangelistas, a otros pastores y maestros, a fin de perfeccionar a los santos para la obra del ministerio., para la edificación del cuerpo de Cristo" (Ef 4:10-12).

---

[39] Miguel Núñez, *De pastores y Predicadores* (Nashville, TN: B&H Plublishing Group, 2009), pp. 20-21.

[40] Ekkehardt Mueller, "Los desafíos y conflictos del pastor en la iglesia." *Revista Estrategias para el Cumplimiento de la Misión* 16.2 (2018), pp. 117-24.

Erwin Lutzer, en el libro *De pastor a pastor*, define que "el llamado de Dios es una convicción interior, dada por el Espíritu Santo y confirmada por la Palabra y por el cuerpo de Cristo." [41] El llamado será guiado por Dios para conducir el rebaño de Cristo, poniendo en práctica la Palabra y la vida en comunidad con los discípulos.

Charles Spurgeon escribió una vez: "Si un hombre, después del más severo autoexamen, encuentra cualquier otro motivo que no sea la gloria de Dios y el bien de las almas en su búsqueda del pastorado, es mejor que se aleje de él de inmediato, porque el Señor está disgustado con la entrada de compradores y vendedores en su templo."[42]

Es preocupante que gran parte de la iglesia contemporánea experimenta una tensión en su relación con el pastor. Este problema no es nuevo y se ha intensificado debido a características muy propias de nuestro tiempo. La iglesia ha sido influenciada por conceptos posmodernos de relativismo, individualismo y egocentrismo, alejándose de los principios bíblicos que deben regir el ministerio pastoral. Existe un gran número de ideas erróneas y falsas expectativas acerca del ministerio pastoral. Provocando decisión negativa en los nuevos candidatos de aceptar el llamado pastoral.

Mientras la visión equivocada del ministerio pastoral esté fuera de la iglesia, no afecta considerablemente la misión. Lo complejo es cuando los propios discípulos tienen una visión distorsionada de la gestión pastoral y del mismo individuo. A causa de la inmadurez como por una incomprensión del ministerio pastoral; se generan malentendidos, insultos, afrentas y acusaciones precisamente por este desconocimiento de quién es el pastor y el resultado de esto es sufrimiento para el pastor y su familia.[43]

Es importante resaltar quién es el pastor. El Pastor Irland Pereira de Azevedo lo definió así: "el Pastor no es un superhombre ni un

---

[41] James E Giles, *De pastor a pastor: Ética Pastoral Práctica* (El Paso, TX: CBP, 2004), pp. 31-7.

[42] Priscila Cerqueira, "Os desafios do ministério pastoral," *Comunhão* (27 septiembre 2021). *https://comunhao.com.br/desafios-ministerio-pastoral/*. Recuperado 11 marzo 2023.

[43] El reto de la pastoral, O Desafio do Ministério Pastoral, Passo Fundo-RS Igreja Bautista. *https://www.pibpassofundo.org/products/o-desafio-do-ministerio-pastoral/*. Recuperado 10 marzo 2023.

sub-hombre, sino un hombre de verdad y de verdad. Este es el prototipo del Pastor según el corazón de Dios."[44] En reiteradas veces los discípulos se olvidan de la humanidad del pastor y terminan viéndolo como una especie de 'máquina' o una persona que no tiene sentimientos, angustias o tristezas. Dios no anula la humanidad del ministro en el ejercicio de su llamado, en lugar de ello afirma su poder por medio de su humanidad.

En su presentación sobre "Liderazgo de Servicio," Mireya Álvarez muestra un interés especial en el desarrollo del líder, declarando que estos creen que las personas tienen un valor intrínseco y se comprometen con el crecimiento personal y profesional de cada individuo en la organización.[45] Esto revela la intención más pura de un verdadero líder, es impulsar a otro líder al máximo desarrollo de su potencial y acompañarlo en su carrera ministerial hasta que esté listo para hacerlo solo.

Proveer enseñanza adecuada para fortalecer el entendimiento del ministerio Pastoral

Ser pastor requiere un perfil definido en las Escrituras, para dar luz a la labor que se enfrentan los llamados a un ministerio tan meritorio. La primera epístola de Timoteo declara:

> Palabra fiel: Si alguno anhela obispado, buena obra desea. Pero es necesario que el obispo sea irreprensible, marido de una sola mujer, sobrio, prudente, decoroso, hospedador, apto para enseñar; no dado al vino, no pendenciero, no codicioso de ganancias deshonestas, sino amable, apacible, no avaro; que gobierne bien su casa, que tenga a sus hijos en sujeción con toda honestidad (pues el que no sabe gobernar su propia casa, ¿cómo cuidará de la iglesia de Dios?); no un neófito, no sea que envaneciéndose caiga en la condenación del diablo. También es necesario que tenga buen testimonio de los de

---

[44] Irland Pereira de Azevedo, "Ministério evangélico, como paixão e com paixão" *Revista Teológica* 5.4 (30 junio 2016), pp. 15-23. *http://ead.teologica.net/revista/index.php/teologicaonline/article/view/100/106.* Recuperado 11 marzo 2023.

[45] Mireya Álvarez, "La Teoría del Liderazgo de Servicio," Notas de la clase DMin 915 Lectura de Contextos Teológicos, Pentecostal Theological Seminary, 2019.

afuera, para que no caiga en descrédito y en lazo del diablo (1 Tim 3:1-7).

Este pasaje es un medidor que resulta en certificar si el candidato al ministerio, en este caso pastoral, cumple con las demandas tan sensitivas correspondiente al llamado pastoral. Al igual que Tito 1:5-9 que resalta cualidades similares. El ministro llamado al pastorado debe exhibir: pasión por la proclamación del Evangelio y servicio fuera de la plataforma. Por otro lado, debe estar bajo autoridad y ser parte de una iglesia local; manifestar un testimonio de los de cerca (familia); ser enseñable y humilde y tener un fuerte deseo de glorificar a Dios con su vida.

Desarrollar personas no es sólo darles información para que aprendan nuevos conocimientos, habilidades y destrezas, y se tornen más eficientes en lo que hacen.[46] Es un proceso de entrenamiento intencional que conlleva acuerdos en ambas vías, rendición de cuentas y crecimiento en aptitud constante. En este contexto se debe dar información básica, aprender nuevas actitudes, soluciones, ideas y conceptos que modifiquen sus hábitos y fortalezcan su entendimiento sobre el ministerio pastoral. Esto les permite ser más eficaces en lo que hacen. Formar es mucho más que informar, pues representa el enriquecimiento de la personalidad humana.[47]

En la ruta para servir en ministerio pastoral, es relevante proveer docencia al futuro ministro acerca de la carrera pastoral, su naturaleza, procesos, desarrollo y características. Esta acción facultará al candidato de la información correcta, que le permitirá estar consciente del desafío que equivale este ministerio. La iglesia de Cristo es el medio que Dios usa para efectuar los cambios en el mundo. La educación siempre es un agente de cambio. Por lo tanto, la educación cristiana puede ser usada por Dios y su iglesia para fomentar cambios necesarios en la socio-cultura latina y en la población en general y comunidad de fe.[48]

---

[46] Idalberto Chiavenato, *Gestión del Talento Humano* (Ciudad de México: Mcgraw-Hill, 2009), pp. 171-5.

[47] Chiavenato, *Gestión del Talento Humano*, p. 175.

[48] Hayward Armstrong, *Bases bíblicas para la educación cristiana* (El Paso, TX: CBP, 2007), pp. 124-37.

Se requieren ambientes de equipamiento, motivación, evaluación paciente con aquellos que aspiran al ministerio pastoral. La aspiración al ministerio pastoral es buena, siempre y cuando el candidato esté consciente de sus implicaciones en el impacto y desarrollo de las personas. Como lo menciona Shenk, en las iglesias *Quiché* de Alta Verapaz: el estilo de liderazgo *Quiché* es que cada congregación se convierte en un centro de formación de líderes. Esto capacita a cada una de las 120 congregaciones *Quiché* para formar muchos líderes y darles un entrenamiento práctico para convertirse en pastores o trabajadores sociales de desarrollo.[49]

En la iglesia actual la importancia de los discípulos no puede ser ignorada, ya que el futuro del ministerio pastoral y la misión de la iglesia dependerán, en gran medida, de cómo desarrollar, efectivizar y utilizar el potencial de los ministros jóvenes en nuestra iglesia. Carl F. George, el conocido investigador estadounidense del modelo de la iglesia del futuro, menciona dos tareas esenciales que el ministerio pastoral debe enfrentar: en primer lugar, el autor se refiere a la tarea de maximización de la inclusión de la labor del discípulo en la labor pastoral. En segundo lugar, está la exploración y el desarrollo de la espiritualidad de los discípulos.[50] Creo que el éxito del ministerio pastoral contemporáneo dependerá de cómo el pastor pueda incluir activamente a los jóvenes ministros en su labor pastoral.

La labor de la iglesia local es enseñar las herramientas correctas para un servicio eficaz. Proveer entrenamiento a sus líderes constantemente y así impulsarlos a sus respectivas áreas de servicios. Ya que la condición de la iglesia en todas partes depende en buena medida de la calidad del ministerio que recibe.[51] El enfoque permanente en la formación del discípulo genera fortaleza en la gestión de liderazgo.

La Iglesia africana desarrolla un patrón orgánico en cuanto al desarrollo de discípulos y líderes:

---

[49] David W. Shenk, "The Gospel of reconciliation within the wrath of nations." *International Bulletin of Missionary Research* 32.1 (2008), pp. 3-9.

[50] Marcel Légaut, *Creer en la Iglesia del futuro* (Santander, España: Editorial, 1988), pp. 88-92.

[51] John Stott, *El Cristiano Contemporáneo: Un Llamado Urgente a escuchar con los dos oídos* (Buenos Aires, Argentina: Editorial Kairós, 1995), p. 261.

Los jóvenes son identificados por el pastor como potenciales predicadores para el futuro. Se les asignan tareas específicas que paulatinamente los llevan hacia delante, tanto literalmente como a los ojos de la congregación: Comienzan con pequeñas tareas detrás de bastidores. Si demuestran ser fieles y responsables, se los ubica en posiciones más visibles tales la de ujieres; eventualmente se los mueve al punto de sentarlos en la primera fila del auditorio o dentro del coro; finalmente, algunos son seleccionados para que se sienten en la plataforma con el pastor y para que participen en partes del servicio de adoración. A estas alturas todo el mundo en la iglesia sabe quiénes están siendo preparados para el ministerio, y todos les dan sus palabras de aliento. La instrucción de vanguardia continúa hasta el día mismo de la ordenación.[52]

Aquí se muestra como de forma orgánica los pastores africanos llevan al discípulo de una etapa a la otra, donde se evidencia crecimiento del discípulo y su desarrollo en el liderazgo; la responsabilidad mutua al ambos estar comprometidos con el proceso pactado. Ellos definen este proceso en tres pasos:

Discipular: como parte esencial de la tarea de la iglesia es hacer discípulos. En otras palabras, cada convertido debe convertirse en un discípulo, solo esto identifica a la iglesia que cumple con el propósito establecido por Dios. Entienden a un discípulo como: "un seguidor comprometido con Jesucristo"[53]; comprometido con la Palabra, oración, la comunión y camaradería, en testificar y en amar a otros.

Mentoría: Todo cristiano es discípulo, pero algunos discípulos son líderes. Mientras discipulamos nuevos creyentes, mentoreamos a los líderes que van apareciendo.[54] Esta verdad es sumamente relevante para esta investigación, ya que el futuro ministro joven de ser discípulo antes que ministro en el desarrollo de su liderazgo. Será lo único que mantenga viva la llama pentecostal en la misión. Cada discípulo formal, debe ser mentoreado en el área de servicio que se

---

[52] Francis Schaeffer, *La verdadera espiritualidad* (Barcelona, España: Editorial CLIE, 1971), p. 5.

[53] Bill Hull, *The Disciple Making Pastor: Leading others on the Journey of faith* (Grand Rapids, MI: Baker Book House, 2007), pp. 97-102.

[54] Schaeffer, *La verdadera espiritualidad* p. 5.

identifique en su liderazgo; encontrando como discípulo plenitud de servicio para Jesús y su iglesia.

Entrenar: en otras palabras, potenciar sus destrezas, como lo describe el autor, es la única relación continua entre el entrenador y el practicante del ministerio. Y esta continuidad depende mucho del área de enfoque trabajado y el desarrollo del mentoreado frente los entrenamientos específicos.

Es en este espacio que se afirman los procesos educativos, a través de entidades educativas superiores de la iglesia. Impulsar estos procesos educativos permite tener una visión ministerial más amplia al candidato, algo más allá de la iglesia local. Elevarlos a procesos intencionales para su desarrollo, siendo nuevos candidatos al ministerio pastoral. Cuando se brinda la información adecuada, los ministros crecen integralmente, comprendiendo de esta forma su aporte a la vida de la iglesia, por medio de una gestión seria e intencional del llamado.

Finalmente, cada una de las variables expuestas describen las implicaciones de la investigación, e impactan directamente a los investigados. Los pastores deben ser más intencionales con los ministros jóvenes, acompañándolos para librarlos del error y conectando realmente con ellos mientras los guían hacia el llamado.

Por otro lado, los jóvenes ministros deben apropiarse de las experiencias más significativas con sus pastores. Experiencias que resultan en estimulantes para sus llamados pastorales; respetar las autoridades presentes, desarrollando relaciones de pactos que propicien procesos de mentoría eficaz y con excelentes resultados.

Influencias de los paradigmas religiosos en la formación ministerial de los pastores

Un enfoque sobre la importancia de la educación teológica

Salvador Salazár

Introducción

En los últimos años se ha discutido mucho sobre la necesidad de la formación teológica de los pastores pentecostales. Este fenómeno ha estremecido la iglesia pentecostal en Latinoamérica, generando un interés considerable en la formación teológica y pastoral de los ministros. Notables son los avances que se han producido al respecto, pues aparentemente la situación ha cambiado considerablemente en los últimos años. Sin embargo, a pesar del progreso en esta área, el tema de la educación teológica contextual sigue abierto a la investigación y al estudio más riguroso. Consecuentemente, una de las mayores preocupaciones que surgen dentro de las organizaciones religiosas es que gran parte de los ministros que están al frente de sus congregaciones no tienen una preparación académica adecuada, ni mucho menos una formación teológica sólida.

Por ejemplo, en una investigación realizada en el año 2015 en Paraguay, que, aunque está distante del El Salvador, no obstante, los datos que se obtuvieron son significativos. Allá llegaron a la conclusión de que "la mayoría de los pastores no tienen la preparación académica, y menos teológica necesaria para apacentar a la grey. El 90% de los pastores evangélicos del Paraguay no tienen una educación teológica formal."[1] Otro dato relevante para conocer de forma global el panorama de la educación teológica en los pastores es según un dato estadístico realizado por el Centro para el Estudio del Cristianismo Mundial del Seminario Teológico Gordon-Conwell. Aunque este estudio fue hecho en el contexto norteamericano, sin embargo, también arrojó datos importantes para la formación de los pastores. En ese estudio se observa que "Más de 2 millones de pastores protestantes en el mundo mayoritario carecen de capacitación bíblica formal, y que el 90% de las iglesias en todo el mundo tienen líderes sin capacitación formal."[2] Este es un dato que debe alertar a las organizaciones religiosas a evaluar el grado de intencionalidad que hay en las iglesias para la preparación académica y teológica de los pastores.

La presente investigación literaria se realizó con el propósito de dar a conocer la interferencia de los paradigmas religiosos en la formación ministerial de los pastores de la Iglesia de Dios en el Oriente de El Salvador. Esto debido a que se ha identificado la escasa preparación en el ámbito bíblico-teológico en la gran mayoría de los ministros de este territorio. Dicha problemática se ha manifestado en algunos aspectos socioculturales. Es más, según los datos recabados, este fenómeno no es algo reciente, sino un problema socio-religioso que se ha dado durante muchos años. Para encontrar la solución a esta problemática se ha tomado en cuenta que la iglesia como agente de cambio y desarrollo, debe estar expuesta a cambiar y ajustarse a las nuevas condiciones que emergen en su contexto.

En referencia a este tema, Adolfo Galeano sostiene que: "El cristianismo y la iglesia son una realidad viva que se va construyendo en la historia y en ese proceso pasa por distintas etapas."[3] En la Iglesia de Dios en el Oriente de El Salvador se observa poco desarrollo integral, en correlación al impacto de los nuevos paradigmas

---

[1] Helmut Siemens, entrevistado por Revista la Fuente, S/L, agosto del 2016.

[2] Ashish Chrispal, "Restaurando la visión misional en la educación teológica: La necesidad de una formación pastoral transformadora en el mundo mayoritario", *Movimiento de Lausana* 8, No. 5 (2019), p. 2.

[3] Adolfo Galeano, "El paradigma cristianismo: La revolución cultural del cristianismo", *Cuestiones teológicas* 38, no. 90 (2011), p. 258.

religiosos que emergen dentro del contexto. El problema provoca manifestaciones notables en la comunidad cristiana, y colateralmente en la sociedad. Por ejemplo: Algunos pastores que no son capaces de defender la fe con un argumento teológico sólido. Además, las congregaciones muestran carencias en su quehacer misional, con poca influencia en la sociedad y sin un desarrollo evidente en la comunidad cristiana. Con efectos negativos en la misión educativa, más la deficiencia en la proyección social de la iglesia, el desarrollo es limitado y los programas educativos bíblicos-teológicos evidencian pobreza extrema y pocas probabilidades de desarrollo. En virtud de lo anterior, el propósito de este estudio es desarrollar una perspectiva viable sobre la importancia de la formación teológica en los pastores y la necesidad de un cambio de paradigma espiritual que contribuya al desarrollo, tanto del ministro como de la comunidad de fe.

Al conocer este panorama contextual de los pastores de la Iglesia de Dios en Oriente de El Salvador, esta investigación se vuelve relevante porque abrirá un espacio para conocer el gran impacto que la formación teológica provoca en los ministros. Además, observamos cómo la evolución de la sociedad, crea la necesidad de un cambio de paradigmas religioso en el contexto de las iglesias pentecostales en el oriente de El salvador.

Los antiguos paradigmas no provocan un desarrollo en los ministros debido a que estos están descontextualizados de su realidad. Chrispal sostiene que: "La mayoría de las iglesias emergentes están formadas por creyentes de primera generación. Por lo tanto, vienen con conjuntos de cosmovisiones muy diferentes."[4] La enseñanza de la Palabra de Dios es de suma importancia. Por esta razón, es conveniente darle la debida importancia a este fenómeno por que los contextos van evolucionando, y la formación teológica en los pastores de la Iglesia de Dios en el oriente de El salvador ayudarán a crear nuevos conocimientos para establecer una perspectiva diferente de iglesia para las futuras generaciones.

Al haber realizado una investigación documental con respecto a la formación teológica de los pastores, se puede constatar que ha sido un fenómeno profundamente estudiado por muchos autores durante las últimas décadas. La iglesia del siglo XXI deberá pensar seriamente

---

[4] Chrispal, "Restaurando la visión misional en la educación teológica", p. 2.

qué clase de ministerio va a formar para que la sociedad sea transformada por el poder del evangelio. Ashish Chrispal asegura que:

> Es imprescindible entrar en una etapa de revalorización del ministerio pastoral y del sacerdocio de todos los creyentes. Esto exige una apertura al funcionamiento de todos los dones y ministerios y a la preparación no solo de los pastores, según el modelo tradicional, sino de todos aquellos llamados a servir.[5]

Sin lugar a dudas, la formación teológica debe trascender todos los sistemas de organización de la iglesia para asegurar el buen funcionamiento de la misma. Es una realidad las palabras de Chrispal quien afirma que "Ha llegado el momento de que reconozcamos algunas realidades clave, si queremos que la educación teológica evangélica sea efectiva y no se convierta en un fósil."[6] La Iglesia de Dios El territorio Oriente de El Salvador es un claro ejemplo donde la escasa formación teológica ha golpeado el desarrollo de los pastores.

En este estudio se analiza cómo es que la educación teológica ha llegado a ser mal interpretada por muchos pastores de la iglesia de Dios en el oriente de El Salvador. Así que una de las tareas de esta investigación es discutir ampliamente sobre el verdadero valor de la educación teológica y exponer los beneficios que esta aporta a los pastores y a la comunidad de fe. Es importante conocer que la educación forma a las personas, pero la educación teológica lo hace con el objetivo de educar a las personas y a las comunidades en los principios y valores que cultivan y promueven la vida, conforme a las enseñanzas del evangelio de Jesucristo, y por lo tanto es vital para el desarrollo de la sociedad.[7]

El presente documento pretende crear conciencia en los pastores de la Iglesia de Dios en el Oriente de El Salvador, con el propósito de alcanzar en ellos la motivación para mejorar su nivel de educación

---

[5] Chrispal, "Restaurando la visión misional en la educación teológica", p. 2.

[6] Chrispal, "Restaurando la visión misional en la educación teológica", p. 7.

[7] "Razones por las que nos interesa la educación teológica", AETH, Valencia College, Accesado el 24 de agosto del 2021, *https://www.aeth.org/por-que-educacion-teologica.*

teológica. Así mismo, proponer un cambio de paradigma para que la educación teológica tenga un efecto en la vida de la comunidad de fe y sentar un precedente para las nuevas generaciones de ministros que vendrán a pastorear en un contexto mucho más exigente que el presente, y de esta manera no se enfrenten a las mismas dificultades.

Para desarrollar esta investigación se ha implementado una metodología adaptativa derivada principalmente de la teoría científica de Roberto Hernández Sampieri y otros autores. Cada variable ha sido estudiada desde un enfoque cuantitativo, resguardando una perspectiva objetiva del fenómeno y siguiendo el proceso de investigación sistemáticamente. El alcance de la investigación es correlacional, por la interacción existente entre dos variables. Es de tipo documental; ya que esta se basa en fuentes bibliográficas, digitales entre otras, cuidadosamente seleccionadas para analizar acerca del fenómeno.

También, en el desarrollo de esta investigación se utilizó el método de razonamiento lógico deductivo. Este consiste en extraer una conclusión con base en una premisa o a una serie de proposiciones que se asumen como verdaderas. Guillermo Westreicher afirma que: "Mediante este método, se va de lo general (como leyes o principios) a lo particular (la realidad de un caso concreto)."[8] Además, esta investigación aborda la interpretación teológica desde una perspectiva pentecostal.

El propósito fundamental de esta investigación es identificar la interferencia de los paradigmas religiosos en la formación ministerial de los pastores de la Iglesia de Dios en el territorio Oriente de El Salvador, enfocándose en la educación teológica de los pastores. De forma más sustancial, se pretende valorar la importancia de esta formación, con el propósito de redireccionar los antiguos paradigmas para crear nuevos que respondan a las demandas actuales de la sociedad. Se intentará demostrar que, los paradigmas religiosos obstaculizan el desarrollo ministerial de los pastores de Iglesia de Dios en el territorio oriente de El Salvador.

Este documento está elaborado con el propósito de establecer una conexión entre el lector y el contexto de la problemática. La

---

[8] "Método deductivo", Economipedia, Guillermo Westreicher, Accesado el 24 de agosto del 202, *https://economipedia.com/definiciones/metodo-deductivo.html.*

estructura de este artículo se desarrolla desde esta introducción en la cual se ha brindado un panorama general de todo el desarrollo de la investigación. Posteriormente, la discusión de la problemática la cual está desarrollada en cinco capítulos. En primer lugar, se desarrolla el significado sobre el factor correlacional, para una mayor comprensión sobre la relación que existe entre ambas variables.

En segundo lugar, se aborda el contexto sobre el cual se desarrolla el fenómeno de investigación en el Oriente de El Salvador. En tercer lugar, se aborda la temática hacia un nuevo horizonte, el cual abre una perspectiva de cambio en el contexto de la Iglesia de Dios en Oriente. Este apartado está dividido en dos áreas que son muy significativas para la investigación: (1) La necesidad de una formación teológica, (2) La necesidad de un cambio de paradigma. En cuarto lugar, se aborda sobre las áreas que han influido en el desarrollo de los paradigmas religiosos en la formación ministerial de los pastores.

Los paradigmas religiosos son producto del ambiente que rodea a la comunidad de fe. En este sentido existen cuatro áreas que influyen de una manera significativa en la vida de las personas. Estas son: el área social, cultural, académica y litúrgica. En quinto lugar, se aborda la temática sobre "la Iglesia de Dios en el oriente de El Salvador hacia una renovación". En este punto se pretende impulsar a los ministros a pensar en una renovación de paradigmas religiosos con el propósito de crear una teología contextual.

Sentido sociológico de 'interferencia'

Por interferencia se entiende cualquier elemento que afecte negativa o positivamente un proceso. De acuerdo con Isidoro Berenstein "La interferencia se asocia de inmediato con obstáculo, algo que surge en un trayecto y lo impide o se introduce en una relación entre dos para perturbarla, afectándola cuando no debiera hacerlo, o al menos se espera que no lo haga."[9] El sentido de interferencia en la presente obra está condicionada al impacto que los paradigmas religiosos tienen sobre la formación ministerial de los pastores.

En este sentido es conveniente conocer el contexto sobre el cual dicho término se desarrollará. La formación ministerial de los

---

[9] Isidoro Berenstein, *Devenir otro con otro: Ajenidad, presencia, interferencia* (Buenos Aires, Argentina: Paidos, 2004), p. 195.

pastores es directamente interferida por los paradigmas religiosos que emergen en el contexto de la Iglesia de Dios en el territorio oriente de El Salvador. Interferencia de acuerdo a algunas fuentes es un término lingüístico del inglés 'interference'. Esta definición se refiere a un sentido de obstruir, entrometerse, obstaculizar en determinada situación, afectando negativamente el curso de los acontecimientos.

En relación a este significado se ha determinado que el factor correlacional de la variable dependiente y la independiente sea el término interferencia. Esto debido a que, en el contexto del desarrollo ministerial de los pastores a lo largo de su carrera ministerial surgen diferentes cambios que son provocados por los tipos de pensamiento que se desarrollan en cada uno de sus contextos. A estos por lo menos se les denomina paradigmas. Estudiando el concepto desde su composición gramatical de acuerdo al análisis que realiza Fredy González la expresión paradigma alude a "un conjunto de formas flexivas que toma una unidad léxica, o conjunto de unidades léxicas que pueden aparecer y ser intercambiables entre sí en un determinado contexto."[10] De acuerdo a esta investigación es probable que los paradigmas religiosos interfieran en la formación ministerial de los pastores de una manera significativa. Esta interferencia se manifiesta de una forma negativa, porque impide el desarrollo integral de los pastores. Los diferentes contextos socioculturales no permiten al pastor poder desarrollarse como persona, ni como ministerio, lo que provoca un retroceso significativo en el desarrollo de la iglesia.

Una perspectiva histórica de los paradigmas religiosos en la formación ministerial de los pastores

La presente discusión se desarrollará en base a la problemática que los pastores de la Iglesia de Dios en el territorio oriente de El Salvador enfrentan, en relación a su preparación teológica. Para efectos de dicha discusión, será importante describir el contexto en el cual dichos pastores han marcado un precedente para el desarrollo ministerial actual. Hayward Armstrong afirma que el propósito de estudiar las bases históricas es "para conocer algo de la herencia que

---

[10] Fredy González, "¿Qué es un paradigma? Análisis teórico, conceptual y psicolingüístico del término", *Investigación y postgrado* 20, no. 1 (2005), p. 19.

tenemos y para aprender de las victorias y de las derrotas de los movimientos educacionales y las personas claves en el desarrollo de la educación cristiana como ciencia."[11] Históricamente los pastores de oriente han vivido descontextualizados de su realidad. Ejerciendo sus ministerios de una forma empírica en su gran mayoría sin poseer una formación teológica formal y contextualizada.

Este fenómeno históricamente ha afectado el desarrollo y contextualización de los pastores. Por lo que, al no poseer una formación teológica, estos han creado un perfil que no cumple con los estándares que un ministro debe presentar de acuerdo a la realidad de su contexto. Según José Baena "Un pastor no sólo es el fruto y el resultado de un llamamiento. Ese no es más que el comienzo."[12] Para efectos de una mayor comprensión. Los pastores del territorio oriente, en su mayoría ejercen su ministerio en un contexto rural. En este sentido el pastor rural tiene una peculiaridad muy específica, que es estigmatizado como un pastor tradicional. Quien según Franklin Guerrero "es una persona que se opone a los nuevos cambios de la iglesia… se acomoda a formas, conceptos, métodos, estrategias y criterios más conservadores creyendo que son las únicas formas de cumplir la misión de Dios."[13]

En este sentido, la descripción de Guerrero se parece a las características de los pastores en el oriente de El Salvador. Debido a su limitada formación teológica los mencionados pastores se cierran a sus creencias, métodos y estrategias de publicar el evangelio. Los ministros parecen cerrarse en sus propios paradigmas religiosos. Este fenómeno probablemente se da en relación a su contexto social y cultural.

El efecto retroactivo provocado por tal fenómeno, empeorado por la falta de formación teológica, hace que los pastores se dejen influenciar por otros principios doctrinales que no compaginan con la doctrina practicada por la Iglesia de Dios. La formación teológica

---

[11] Hayward Armstrong, *Bases para la educación cristiana* (El Paso, TX: Casa Bautista de Publicaciones, 2007), p. 8.

[12] José Baena, *Pastores para el siglo XXI: Un modelo pastoral para la iglesia actual* (Barcelona, España: Editorial CLIE, 2018), p. 48.

[13] Franklin Guerrero, "Incidencia de la educación del pastor urbano para alcanzar el desarrollo integral de la iglesia" (Tesis de Licenciatura en Ministerio Cristiano, SEBIPCA, 2005), p. 8.

de los pastores del territorio oriente es necesaria debido a que, las sociedades van evolucionando y la iglesia también. Ya no es el mismo contexto que se vivía hace dos décadas atrás, donde se utilizaba el método literal para interpretar las escrituras. Y de esa forma realizaban su propia teología. "Actualmente y de forma general, quienes se sienten llamados al ministerio, sea éste pastoral o no, entienden o deben entender que la capacitación es necesaria."[14] Esto evitará que se repita los mismos patrones del pasado. En ese contexto algunos ministros se vuelven legalistas, ortodoxos y descon-textualizan los versículos bíblicos buscando obtener la razón en todo lo que enseñan y predican.

Richard Baxter opinando desde su perspectiva pastoral sostiene lo siguiente: "Aquel que tiene un cargo como el nuestro (ministerio pastoral) debe estar muy cualificado. Hay grandes dificultades teológicas que resolver, que atañen a los principios fundamentales de la fe."[15] Baxter, se refiere a las cualidades que deben poseer los ministros que tienen una preparación teológica adecuada, y esto les permite tener un fundamento sólido para defender la fe en medio de una sociedad emergente.

El pensamiento radical de los pastores en el oriente de El Salvador, no les ha permitido un desarrollo natural en su formación teológica. Porque no existe interés de su parte por ingresar en los procesos de formación que la Iglesia de Dios ofrece en su territorio. Desde hace una década, nadie hubiera podido predecir cómo sería el mundo de hoy, tampoco nadie se atrevió a asegurar cómo sería la primera década del tercer milenio… precisamente estamos en un periodo de grandes cambios y transición hacia una nueva era.[16] En este sentido, los pastores del territorio Oriente en El Salvador, deben enfrentar su realidad en cuanto al contexto que viven. En virtud de lo anterior, la preparación teológica no es una opción, sino una necesidad, porque "la educación proporciona un esquema que rompe

---

[14] Baena, *Pastores para el siglo XXI*, p. 48

[15] Richard Baxter, *El pastor renovado* (Carlisle, PA: Editorial Peregrino, 2009), p. 55.

[16] Zidane Zeraoui, *Modernidad y posmodernidad: La crisis de los paradigmas y valores* (Distrito Federal, México: Editorial luminosa, 2000), p. 27.

con los antiguos paradigmas"[17] y crea nuevas posibilidades de progreso.

La problemática sobre la necesidad de una formación teológica en los pastores no es de los pastores solamente. La responsabilidad no es solamente de ellos, un factor colateral que ha causado en cierto sentido a que la gran mayoría de ministros de la Iglesia de Dios en el Oriente de El Salvador carezcan de una formación teológica es el proceso de selección. En el oriente de El Salvador no existe un perfil que determine qué tipo de pastores se necesita en las iglesias. Así que cuando estos reciben su investidura no son pasados por un filtro para evaluar su perfil como nuevos ministros. Simplemente, se considera el deseo por servir en la obra.

Sin embargo, este punto es contrario a lo que el manual de *Enseñanzas, disciplina y gobierno de la Iglesia de Dios* plantea. El apartado S21, "…aspirantes al ministerio", el cual en su inciso uno reza lo siguiente "A fin de proporcionar la formación ministerial y un programa de práctica, cada estado, región o territorio, les ofrecerá a los aspirantes al ministerio la oportunidad a participar de un internado bajo la supervisión de un pastor, experimentado y competente."[18] Realizando una crítica constructiva, si respetara lo que el manual de la Iglesia de Dios sostiene, el territorio se hubiera ahorrado los problemas de contextualización ministerial que está pasando en la actualidad.

En el territorio oriente, la Iglesia de Dios tiene su seminario bíblico teológico. Sin embargo, todavía no existe una cultura de amor por una preparación teológica para el ministerio. De acuerdo con algunos datos históricos y relatos de los pastores, el mayor obstáculo que ellos enfrentan es la inaccesibilidad debido a la ubicación geográfica, debido a que se encuentran en lugares remotos y su movilización es una dificultad muy amplia. Una solución a este problema podría ser el establecimiento de programas educativos accesibles a estos pastores. Este contexto concuerda con lo que dice Francisco Jiménez: "El seminario bíblico difícilmente podrá lograr su

---

[17] Gladys Mejía, "Impacto de la educación residencial en la formación del ministro cristiano" (Tesis, Licenciatura en Ministerio Cristiano, SEBIPCA, 2005), p. 18.

[18] Daniel Black, ed., *Enseñanza, disciplina y gobierno de la Iglesia de Dios* (Cleveland, TN: Publicaciones de la Iglesia de Dios, 2018), p. 94.

objetivo fundamental, de adiestrar y capacitar efectivamente a los futuros pastores y obreros, si desconoce las necesidades reales del campo, la visión de trabajo y objetivos específicos del liderazgo en la iglesia."[19] Por esta razón, la importancia que la dirección territorial debe tener sobre esta problemática es fundamental para el buen desarrollo de la iglesia en general. Estamos viviendo tiempos de cambio de paradigmas y es importante actualizar los paradigmas bíblicos, teológicos y ministeriales en estas áreas de mayor necesidad.[20]

El contexto general que se vive en el oriente de El salvador, muestra que la gran mayoría de pastores carecen de una formación teológica adecuada. Ante estos inconvenientes en el desarrollo ministerial, es importante considerar las afirmaciones de Luis López, en el análisis mundial de Lausana 2017, "más de 2 millones de pastores protestantes en el mundo mayoritario carecen de capacitación bíblica formal. Más interesante aún, la mayoría de las iglesias nuevas están formadas por creyentes de primera generación."[21] La realidad de los ministros de la zona oriental de El Salvador no está enajenada al pensamiento de López, pues se trata de una verdad universal que se manifiesta en el contexto del territorio.[22] Como hemos mencionado anteriormente, existe un gran número de ministros que no poseen una formación teológica formal. Además, las condiciones sociales cada día cambian y las iglesias rurales también se van poblando de personas educadas, con un pensamiento diferente, debido en gran parte a la globalización y al desarrollo de la tecnología.

---

[19] Francisco Jiménez, "La utilización del egresado en el Plan Estratégico Nacional", en *Educación teológica y misión hacia el siglo XXI,* ed. David Ramírez (Quito, Ecuador: FLEREC, 2002), p. 124.

[20] David Ramírez, "Actualizando la Iglesia en América Latina para el siglo XXI", en *Educación teológica y misión hacia el siglo XXI,* ed. David Ramírez (Quito, Ecuador: FLEREC, 2002), p. 87.

[21] Esta generación se refiere a los creyentes con un grado de educación más completo, y con una mentalidad más abierta. En algunas ocasiones son personas profesionales.

[22] "La educación teológica y la madurez de la iglesia", Baptist Press, Luis López, última actualización enero 24 del 2020, *https://n9.cl/6krx8.*

El desafío para contrarrestar este fenómeno es significativo. Así que el reto de este artículo es identificar rutas alternativas para proponer posibles soluciones a la problemática planteada. También es importante conocer de antemano que "la educación teológica es la tarea de la iglesia enfocada en la formación del propio liderazgo."[23] En este artículo se argumenta que la formación teológica de los pastores debe responder a la necesidad de una mejor contextualización. Esto los equipará para prestar mayor atención a los desafíos contemporáneos del contexto social en el cual se desarrollan. Por su parte, la iglesia de Dios en el territorio oriente de El Salvador, aunque pertenezca a zonas rurales, debe atender a las demandas de una sociedad que exige un alto grado de excelencia en el servicio pastoral.

De acuerdo a Heinz Giesbrecht: "La Iglesia necesita altos niveles de profesionalidad en conocimiento teológico, ciencias bíblicas, habilidad comunicativa, hermenéutica, social y cultural y ciencias administrativas."[24] Aunque el aporte de Giesbrecht era para un contexto occidental, su argumento es válido para encontrar respuestas o pautas que permitan a los ministros de la Iglesia de Dios en oriente de El Salvador encontrar el camino que los conduzca a una excelencia académica y ministerial. Además, esa formación les capacitará para ser más abiertos a los cambios de paradigmas sociales, culturales y espirituales.

Hacia un nuevo horizonte

En relación a la problemática expuesta en el capítulo anterior, es importante conocer dos áreas que serán la base para buscar el camino correcto hacia una educación teológica más apropiada en el contexto de la iglesia de Dios en el territorio oriente de El Salvador. Para lograr este objetivo abordaremos (1) la importancia de una educación teológica y (2) la necesidad de un cambio de paradigma. Es relevante mencionar que la Iglesia de Dios en el ya mencionado territorio enfrenta dificultades en relación a su desarrollo dentro de un

---

[23] David Jiménez, *La función profética de la educación teológica evangélica en América Latina* (Barcelona, España: CLIE, 2016), p. 8.

[24] Heinz Giesbrecht, "La visión y la misión de la educación teológica en el cumplimiento de los propósitos de la iglesia", *Espacio Teológico* 4, no. 1 (2019), p. 20.

contexto plagado de paradigmas contradictorios que han sido provocados por el avance de la sociedad, para los cuales los pastores y sus congregaciones no están preparados. No obstante, esto no es algo que debería privarlos para buscar un crecimiento concomitante con la realidad socio-cultural. Al respecto Adolfo Galeano ha dicho que:

> Jesús, como los profetas de Israel, sostuvo una lucha intensa contra las distorsiones que en Israel se presentaba sobre las orientaciones básicas del pensamiento bíblico: la afirmación de la historia contra una orientación cósmica-espacial y, en consecuencia, contra la consideración de la Ley y el Templo como realidades absolutas.[25]

Galeano, presenta un contexto similar al que se vive en la actualidad en el Oriente de El Salvador. Por lo que, los problemas generados por el desarrollo social no son un problema reciente. Estos cambios siempre han representado desafíos socio-culturales para el desarrollo histórico de la Iglesia. En este sentido, la evolución de la sociedad en dicho territorio demanda la búsqueda de una renovación integral en la formación de los pastores. Dios mismo establece en su palabra este cambio tan necesario. Romanos 12:2 menciona lo siguiente: "No os conforméis a este siglo, sino transformaos por medio de la renovación de vuestro entendimiento, para que comprobéis cuál sea la buena voluntad de Dios, agradable y perfecta." En esta dirección, Pablo, muestra una línea muy sesgada en relación a la idea que la iglesia debe mantener una movilidad constante en cuanto a su desarrollo contextual y temporal. Cuando la iglesia asume con responsabilidad la tarea de capacitar al pueblo de Dios, la formación teológica se convierte en la prioridad y la obra misionera avanza.[26] Por esta razón a continuación se abordará la importancia de la educación teológica y la necesidad de un cambio de paradigma en la formación de los pastores.

---

[25] Adolfo Galeano, "El paradigma cristiano de pensamiento: La revolución cultural del cristianismo", *Cuestiones teológicas* 38, no. 90 (2011), p. 240.

[26] "La educación teológica y la madurez de la iglesia", Baptist Press, López, última Actualización enero 24 del 2020, *https://n9.cl/6krx8*.

La necesidad de una formación Teológica

Si la problemática del desarrollo ministerial de los pastores es su limitada formación teológica, es pertinente desarrollar un pensamiento relacionado al tema para crear conciencia de la necesidad urgente que los pastores, en el territorio Oriente de El Salvador, tienen de incursionar en la formación teológica. En pleno siglo XXI, es indispensable que los pastores de la Iglesia de Dios reciban por lo menos una formación teológica básica. Justo González afirma que, "...los obispos del segundo siglo eran personas cultas que al menos sabían leer e interpretar textos y sostener correspondencia con sus colegas, no hay noticia alguna que la iglesia tuviera escuelas para la preparación de tales obispos."[27] En este sentido, González brinda una referencia contextual histórica de la iglesia primitiva. Donde los encargados de ministrar los asuntos religiosos debían tener un grado de preparación.

Este panorama histórico de Galeano sirve para enfatizar que el pastorear en medio de una sociedad emergente que exige nuevas condiciones de vida, demanda una preparación ministerial adecuada. La educación debe ser un requisito indispensable para los pastores por el grado de importancia que esta implica: "la educación teológica juega un papel fundamental en el llamamiento, la formación y la comisión de los hombres y mujeres que Dios usa para llevar a cabo su misión."[28] En razón de este pensamiento, la importancia de la educación en el territorio oriente se vuelve una necesidad básica. Y en este sentido se convierte en la necesidad de crear programas pertinentes y accesibles para los pastores que aún no han alcanzado dicha formación teológica. Emilio Núñez sostiene que:

> Educar teológicamente es contribuir al esfuerzo de comunicar a las nuevas generaciones el legado doctrinal cristiano, con base en la palabra escrita de Dios (la Biblia), con atención esmerada a las necesidades del individuo, de la familia y de la Iglesia, en interacción

---

[27] Justo González, *Breve historia de la preparación ministerial* (Barcelona, España: Editorial CLIE, 2012), p. 7.

[28] "La educación teológica y la madurez de la iglesia", Baptist Press, López, última actualización enero 24 del 2020, *https://n9.cl/6krx8*.

amplia y profunda con la realidad cultural y social en el cual estamos inmersos, de la cual somos parte.[29]

Habitualmente, los pastores del territorio oriente, no ven la educación como la oportunidad de contribuir al crecimiento integral que la iglesia pueda tener. Sin embargo, la educación teológica provee la oportunidad de crecer en todas las áreas.

Cuando se habla sobre el tema de una formación teológica, para algunos pastores en el territorio Oriente de El Salvador esto es sinónimo de modernización y se aferran a mantenerse con sus antiguas formas de hacer teología. Para ellos, esto significa una afrenta y se rehúsan a conocer las ventajas que esta formación ofrece. Es muy probable que esta posición negativa hacia la educación refleje los grados de alienación intelectual que se nota en la actitud de los pastores hacia la formación teológica. Al respecto, Theo Donner menciona que: "A través de la historia, la iglesia cristiana ha tenido que enfrentar el desafío de no dejarse absorber por las corrientes culturales e intelectuales del momento, el desafío de definirse, de preservar su identidad en medio de los ismos."[30] Por su parte, Donner tiene mucha razón cuando se refiere a la iglesia que ha tenido muchos desafíos. Sin embargo, no se puede estar de acuerdo con la segunda parte de este pensamiento ¿Por qué razón? Debido a que muchos pastores al leer estas líneas pueden malinterpretar el sentido de formación teológica como algo contrario a su creencia. Y de esta manera se rehúsan a una actualización teológica.

Los pastores en el oriente de El Salvador antes de ver la formación teológica como algo contrario a su desarrollo ministerial, deben evaluar los beneficios que este proceso les brindará en el ejercicio de su ministerio. Por ejemplo, Giesbrecht sostiene que:

> La misión de la educación teológica consiste en formar líderes-siervos que cruzan barreras con la proclamación del Reino de Dios (apóstoles), contextualizan la voluntad de Dios (profetas), comunican con relevancia el evangelio (evangelistas), pastorean y

---

[29] Emilio Núñez, "Los desafíos del futuro para la educación teológica", en *El desafío del futuro para la educación teológica en América Latina,* ed. ALIET (Ciudad de Guatemala, Guatemala: Urrea impresos, 1991), p. 21.

[30] Theo Donner, *Posmodernidad y fe: Una cosmovisión cristiana para un mundo fragmentado* (Barcelona, España: editorial CLIE, 2012), p. 24.

aconsejan con empatía y madurez espiritual (pastores) y capacitan el pueblo de Dios con la sana doctrina y las prácticas edificantes (maestros).[31]

Este pensamiento, se puede hacer efectivo en el contexto de la Iglesia de Dios en una sola dirección y el punto principal es la ventaja que ofrece la formación teológica. Para efectos de la investigación este argumento se planteará en un contexto pastoral. El autor menciona cinco áreas importantes. En primer lugar, la educación forma líderes que cruzan barreras. A través de la formación teológica. El pastor intentará cruzar las barreras sociales, culturales e ideológicas. De esta manera podrá proclamar las buenas nuevas de salvación sin ninguna estigmatización ideológica o cultural. Además, podrá contextualizar su pensamiento teológico en relación a la necesidad de su contexto.

En segundo lugar, permite contextualizar la voluntad de Dios. En este sentido, en el oriente de El Salvador existen algunos contextos donde confunden lo que es la voluntad de Dios y la parte práctica que le corresponde al ser humano. A través de la formación teológica el pastor comienza a conocer cuál es la verdadera voluntad de Dios en su vida y, de esta manera, la aplica en su contexto ministerial. En tercer lugar, quienes comunican las Buenas Nuevas lo hacen de una manera relevante. El mensaje va dirigido en relación a las necesidades que está viviendo la gente. Por su parte, Erick Tuch afirma que "La iglesia debe tener la capacidad de observar e interpretar las circunstancias que rodean la existencia humana para darle expresión concreta a su misión."[32] En virtud de lo anterior, es importante destacar, que los pastores del territorio Oriente para actualizarse, deben conocer la realidad de sus contextos para que su predicación y enseñanza sean relevantes.

En cuarto lugar, la educación teológica forma pastores que ejercen su ministerio y aconsejan con empatía y madurez, un pastor que se encuentre en sus labores ministeriales y lo haga no teniendo estas características no logrará encajar en su contexto. Sanner argumenta

---

[31] Giesbrecht, "La visión y la misión de la educación teológica en el cumplimiento de los propósitos de la iglesia", p. 31.

[32] Erick Tuch, *Misión y transformación social: Una perspectiva pentecostal* (Salem, OR: Publicaciones Kerigma, 2016), p. 15.

que "El ministerio de la educación cristiana no sólo preparará al educando para buscar al señor en las experiencias personales de salvación, sino que también pasará inmediatamente a fortalecer y sostener la vida nueva mediante la labor de alimentación cristiana."[33] El pastor, cuida e instruye la vida de otros. Por esta razón la formación teológica debe ser parte de su vida ministerial.

En quinto lugar, a través de la educación teológica el pastor se convierte en un maestro. Esta responsabilidad se torna en algo muy trascendental, porque quien guía a través de la enseñanza a la comunidad es el ministro. Alex Carrasco opina que la iglesia necesita "Ministerios enteramente preparados para enfrentar los desafíos contemporáneos, capaces de defender la verdad contra los apóstatas empedernidos, como también exponer las evidencias de las Escrituras ante los que defienden errores crasos."[34] A través de la formación teológica los pastores, del oriente de El Salvador, podrían transformar sus realidades. Ya no continuarían viviendo de las tradiciones, sino practicando una teología apegada a la Palabra de Dios, y esto ayudaría a observar de manera más clara las necesidades de su entorno.

En síntesis, la importancia de la formación teológica brinda grandes beneficios para el desarrollo ministerial de los pastores. Esta formación abre espacios para que el ministro pueda implementar una teología contextual adecuada. Debido a este aspecto los ministros de la Iglesia de Dios en el territorio Oriente de El Salvador deberían enfocar sus esfuerzos personales, más allá de los obstáculos que se presentan en el camino de su preparación. Acá es beneficioso recordar las palabras de Robert Pazmiño, quien afirma lo siguiente, "…las tareas de la educación incluyen la capacitación de otros para que alcancen un entendimiento de Dios, la revelación divina y las expectativas para la vida humana corporativa y personal."[35] Entonces,

---

[33] Avery Sanner, "Finalidad de la educación cristiana", en *Explorando la educación cristiana*, ed. Avery Sanner (Lenexa, KS: Casa nazarena de publicaciones, 1994), p. 28.

[34] Alex Carrasco, "La contribución de la formación pastoral en el trabajo ministerial en la Comunidad Evangélica de la Sierra Sur del Perú" (Tesis de Bachillerato en Ministerio Pastoral, Universidad SEL, 2021), p. 15.

[35] Robert Pazmino, *Cuestiones fundamentales de la educación cristiana, cristiana* (Eugene, OR: Wipf and stock Publishers, 2002), p. 30.

la tarea encomendada por Dios a los pastores es conducir la vida espiritual de una comunidad y llevarlos al conocimiento de la verdad. Pablo en la carta a los Efesios en el capítulo 4:11-12 dice "Y él mismo constituyó a unos, apóstoles; a otros, profetas; a otros, evangelistas; a otros, pastores y maestros, a fin de perfeccionar a los santos para la obra del ministerio, para la edificación del cuerpo de Cristo." La misión del pastor se podría resumir en una frase "edificar el cuerpo de Cristo". Sin embargo, para tal labor es necesaria una formación bíblica teológica.

La necesidad de un cambio de paradigma

En el apartado anterior, se enfatizó la importancia de la educación teológica en los pastores de la Iglesia de Dios en territorio oriente de El Salvador. Las múltiples necesidades que se presentan en dicho territorio llevan al análisis enfocado a redireccionar el pensamiento de los pastores. Esto para cambiar la perspectiva de su función ministerial en un contexto rural, pero con congregaciones en crecimiento. Acá es pertinente plantear una interrogante ¿Es saludable un cambio de paradigma en los pastores?

Se conoce que el contexto socio cultural del territorio Oriente en El Salvador es muy conservador. Sin embargo, debido a los avances tecnológicos y el crecimiento poblacional la vida en las zonas rurales donde la mayoría de los pastores de la Iglesia de Dios ejercen su ministerio se ven amenazados por que la sociedad a la que pastorean ha sufrido cambios significativos, que se ven reflejados en su comunidad de fe. Como pastores deben comprender que "Dios quiere que sea su iglesia, manteniendo a la vista al mismo tiempo la realidad, de modo que podamos con más facilidad tomar conciencia de los cambios que se deben hacer."[36] En este sentido, ¿Cómo es que la Iglesia de Dios en el territorio Oriente resuelve dicha problemática?

Cuando se habla de un cambio de paradigma, muchos ministros en la zona oriental se ven en la problemática de sentirse amenazados por tal concepto. Sin embargo, en esta discusión se intentará exponer lo que significa, con el propósito de dar una mayor comprensión y que el desarrollo de este apartado tenga más claridad. Contreras

---

[36] Jhon Walmsley, *El cristianismo contemporáneo* (Grand Rapids, EE.UUMi.: Libro Desafíos,1995), p. 213.

define paradigmas como, "…un sistema de creencias, principios, valores y premisas; visión de la realidad; tipos de problemas legítimos, métodos y técnicas válidos para buscar respuestas y soluciones."[37] En otras palabras, paradigmas es un sistema de pensamientos que incluye creencias, métodos y técnicas. Esto tiene un propósito especial, que se centra en buscar respuestas y soluciones.

La problemática que está amenazando el desarrollo ministerial de los pastores de la Iglesia de Dios en el territorio oriente de El Salvador relacionado al comentario anterior sobre que "Dios quiere una iglesia entregada a él, pero que también esta iglesia no se aleje de la realidad de su contexto." En relación a este pensamiento se puede plantear una alternativa que ayude a los ministros a no sentir miedo ante los cambios de su realidad. Pablo dice "No os acostumbréis al siglo actual, sino renovaos…" Este pensamiento debe empoderar a los pastores a que sus paradigmas puedan reestructurarse y encajar en su contexto. Un ejemplo claro es Jesús. Galeano sostiene que: "La actitud de Jesús ante la ley judía se puede ver con tanta claridad que Él mismo representaba un paradigma de pensamiento y de vida nueva."[38] Probablemente, el contexto en el cual irrumpió Jesús en el siglo I sea muy alejado de la realidad que se vive en el oriente del país. Sin embargo, si se toma como referencia, servirá para demostrar que cuando se necesita cambios, es necesario actuar de inmediato, para dar soluciones.

Galeano presenta algunos temas especiales que Jesús aporta en esta irrupción en la era de la opresión religiosa por parte de los judíos. Dentro de estos se pueden destacar, "…una nueva visión de Dios y del hombre, la liberación respecto al sometimiento a la naturaleza y a los ritos cósmicos; la liberación del sometimiento socio-político y la descentralización del poder político, también los espacios sagrados y la afirmación del ser humano."[39]

---

[37] Ileana Contreras, "La investigación en el aula en el marco de la investigación cualitativa en educación: Una reflexión acerca de sus retos y posibilidades", *Revista educación* 20, no.1 (1996), p. 110, citado en Fredy Gonzáles, "¿Qué es un paradigma? Análisis teórico, conceptual y Psicolingüístico del término", *Investigación y postgrado* 20, no.1 (2005), p. 32.

[38] Galeano, "El paradigma cristiano de pensamiento", p. 237.

[39] Galeano, "El paradigma cristiano de pensamiento", p. 237.

Para los pastores del oriente de El Salvador, probablemente la naturaleza de la oposición a sus paradigmas sea totalmente diferente, pues siempre los ven como una afrenta. Por esta razón los pastores deben abrir espacios para cambiar sus paradigmas religiosos y renovar su forma de hacer iglesia en un mundo que evoluciona. En este sentido, la primera acción que los ministros deben realizar es quitarse la etiqueta de que pertenecen a una zona rural. Segunda acción, demostrar que no son pastores ortodoxos, sino que son pastores contemporáneos. Ante esto algunos podrían preguntar ¿Abandonaré mis principios? ¡Por supuesto que no! "El pastor contemporáneo es aquel individuo que está atento a los cambios y a los nuevos paradigmas que surgen dentro del mundo eclesiástico."[40]

Este aspecto se va tornando muy interesante, debido a que el conocer el ambiente sobre los nuevos paradigmas se va comprendiendo, que el cambio no es un motivo para abandonar los principios bíblicos, y dar paso a una vida de libertinaje. Tampoco, es acomodar el evangelio al mundo, como muchos pudieran argumentar. Por ejemplo, Sebastián Rodríguez brinda un pensamiento muy significativo en el cual el afirma que:

> Como cristianos del siglo XXI no podemos vivir anclados en tradiciones pasadas, pero tampoco debemos innovar o sustituir este pasado, sin más; más bien hemos de buscar y crear en la iglesia el "clímax" que permita que el culto del pueblo cristiano sea realmente el que Dios pide, fiel al evangelio y a la sana tradición, dentro del marco del lenguaje que nuestro tiempo nos impone para la comprensión contemporánea del actuar eterno de Dios, conforme Él nos lo ha revelado, mediante su palabra, en medio del tiempo y la historia.[41]

Este pensamiento alude a la acción que los pastores del territorio de Oriente en El Salvador deben realizar. No deben vivir de glorias o paradigmas pasados. Por el contrario, deberían buscar nuevas formas de contextualizar el evangelio para hacerlo más comprensible a las nuevas generaciones. Este debería ser el objetivo principal de la

---

[40] Guerrero, "Incidencia de la educación del pastor urbano para alcanzar el desarrollo integral de la iglesia", p. 8.

[41] Sebastián Rodríguez, *Liturgia para el siglo XXI: Antología de la liturgia cristiana* (Barcelona, España: Editorial CLIE, 1999), p. 102.

iglesia en el nuevo contexto. Esto no es abandonar la verdad bíblica, sino ser más abiertos a los nuevos paradigmas. Probablemente, los sermones o los cultos de más de dos horas ya no son pertinentes en los nuevos contextos. Por lo que sería ideal hacer cambios o ajustes a la liturgia del culto. Que la guía sea la misma palabra y no las tradiciones de sus paradigmas religiosos pasados. Al contrario, los pastores en oriente deberían convertir sus antiguos paradigmas en nuevas oportunidades de crecimiento. Esto traería un gran beneficio a las congregaciones de la zona.

En resumen, queda muy claro que la evolución del contexto de la Iglesia de Dios en el territorio Oriente de El Salvador es una realidad, que está provocando la necesidad de que los pastores replanteen todo tipo de paradigma religioso que esté evitando el desarrollo natural de la iglesia. Acá es bueno realizar la pregunta ¿Tendrá una relación este punto con el apartado sobre la importancia de la formación teológica? Por supuesto que sí, hay una conexión muy cercana. Por ejemplo, Baena afirma que "Aparte de la formación, tan necesaria en un mundo que se ha complicado enormemente, el pastor de hoy necesita modelar su perfil con muchas capacidades y recursos para hacer frente a los retos de la sociedad actual."[42] La formación teológica le permite al pastor poder ver su realidad desde una perspectiva diferente. A través de la educación teológica adquiere más herramientas para poder formar una iglesia que sea entregada a Dios, pero que no evada sus responsabilidades frente a una sociedad emergente. Los cambios de paradigmas no son ajenos al desarrollo natural de la iglesia.

Es más, los cambios de paradigmas hacen que la vida se perciba de otra manera, se piense distinto, y que se procese y ordene la información en segundos. Más aún, David Ramírez dice que "parte de la iglesia, al parecer, sigue sus viejos patrones sin dar lugar a lo nuevo, e insistiendo en ser una iglesia para un mundo que ya no existe."[43] La Iglesia de Dios no debe convertirse en esto, si no en ser un agente de transformación. Incidir en el área pública de la sociedad, para demostrar que el amor de Cristo es manifestado en su pueblo y

---

[42] Baena, *Pastores para el siglo XXI*, p. 49.

[43] Ramírez, "Trazando el rumbo de la educación en la iglesia de Dios", pp. 87-8.

no está en una burbuja, sino que la comunidad de fe responde a las necesidades que surgen en la iglesia.

Áreas que han influido en el desarrollo de los paradigmas religiosos en la formación ministerial de los pastores

Se debe comprender que la manifestación de los paradigmas religiosos va surgiendo de acuerdo a diferentes acontecimientos dentro de las sociedades tales como: el crecimiento educacional, la inmigración, los avances tecnológicos, las corrientes filosóficas y el crecimiento poblacional, por lo que es indispensable conocer algunas áreas que han contribuido en el fortalecimiento de los paradigmas religiosos que tienen mucha influencia en La Iglesia de Dios en el Territorio Oriente de El Salvador. Algunas áreas que han intervenido en el desarrollo ministerial de los pastores son el área Social, cultural, académica y litúrgica. Con respecto a esto, Miguel Álvarez afirma que:

> Históricamente, el movimiento pentecostal latinoamericano ha sido afectado por las corrientes filosóficas de la edad moderna, particularmente en la segunda mitad del siglo XX. Estas corrientes quedaron plasmadas dentro de la conducta y actitudes de los pueblos. Estas corrientes filosóficas se incrustaron en la mentalidad de los pueblos y hasta de la iglesia; y en determinado momento llegaron a crear ideologías que a la postre polarizaron a la sociedad y al pueblo cristiano.[44]

La Iglesia de Dios en el territorio Oriente de El Salvador, pertenece a este movimiento pentecostal latinoamericano. Acá es importante notar que Álvarez se está refiriendo a un contexto del siglo pasado. Sin embargo, este fenómeno de las corrientes filosóficas aún sigue vigente en el territorio Oriente de El Salvador. Estas corrientes filosóficas del siglo XX marcaron el estilo de vida y de pensar de la sociedad actual y, por consecuencia, la iglesia se ve afectada por dicho fenómeno porque su desarrollo se da en el contexto de la misma sociedad. Por esta razón, es importante analizar

---

[44] Miguel Álvarez, "Los Desafíos Académicos del Movimiento Pentecostal Latinoamericano en el Siglo XXI", en *Educación teológica y misión hacia el siglo XXI*, ed. David Ramírez (Quito, Ecuador: FLEREC,2002), p. 179.

las cuatro áreas, que alimentan los paradigmas religiosos y que probablemente evitan un desarrollo en la educación de los pastores.

Social

De una forma breve se ha intentado explicar el contexto social sobre el cual se desarrolla la Iglesia de Dios en el territorio oriente de El Salvador. No obstante, en los últimos años, el contexto social ha sufrido algunos cambios significativos. Este cambio se ha dado debido a la expansión del fenómeno de la globalización. Para abordar este punto es importante conocer sobre el paradigma sociocultural de Latinoamérica y para esto es conveniente conocer la postura de Galeano con respecto a este tema. Este afirma que "el paradigma sociocultural latinoamericano es cósmico-espacial, sin ser el cósmico-mítico ancestral indígena, tampoco el racional antropológico de la modernidad, ni mucho menos el histórico-escatológico bíblico."[45] La realidad sociocultural de los diferentes pueblos latinoamericanos es única en cada contexto. Aun así, en cada uno de esos contextos probablemente haya una congregación de la Iglesia de Dios sirviendo a su comunidad.

En el caso de El Salvador, los pastores de la Iglesia de Dios en oriente, se desarrollan en el ambiente de una sociedad que ha sido marcada por muchos siglos desde diferentes ángulos. Por lo que se podría considerar una sociedad multicultural. En este sentido, se ha observado el efecto que esta área ha tenido sobre los paradigmas religiosos. ¿En qué sentido? La razón es que cuando una congregación de la Iglesia de Dios en el territorio oriente va añadiendo miembros de diferentes tipos de sociedad, esta dinámica vuelve, hasta cierto punto, incomoda o dificultosa para el pastor, pues no está preparado para manejar una congregación multicultural. Las personas cuando llegan al evangelio cada una lo ve y lo vive desde su propia realidad. Dependiendo del tipo de sociedad que venga, así serán los paradigmas religiosos que manifestará dentro de la iglesia.

Para entender mejor este aspecto, en este estudio estoy sugiriendo tres tipos de sociedades que son las más comunes dentro del territorio oriente de El Salvador. En primer lugar, la sociedad cerrada es aquella en la que el comportamiento, oportunidades vitales y

---

[45] Galeano, "El paradigma cristiano de pensamiento", p. 238.

modos de pensamiento y acción están rígidamente preestablecidas. Según Revilla, "esto puede ocurrir porque las costumbres tribales, creencias ancestrales o condiciones ecológicas de los miembros de la congregación lo hacen inevitable."[46] Ahora bien, sobre la importancia de la formación teológica del pastor, una de las realidades es que a su congregación asisten personas que difícilmente desean cambiar o desean ser otro tipo de personas. Estas personas ya tienen su forma de ver el evangelio. Directa o indirectamente ya percibieron dentro de su entorno social un paradigma con respecto al evangelio y muchas veces difícilmente desean cambiar su percepción. Este tipo de sociedad existe en el oriente de El Salvador específicamente en las zonas donde aún prevalecen las costumbres indígenas.

En segundo lugar, la sociedad abierta "es aquella en las que existe una considerable variedad de opciones de acción para sus miembros, cuyo comportamiento no es controlado por la pola y otros poderes."[47] Este tipo de sociedad no es controlada por la 'politeya'. Por lo que, al llegar a la iglesia personas con este tipo de pensamiento, se vuelve complicado para el pastor tratar de inyectar en ellos que en Cristo se depende de la voluntad de Dios. Por lo general, personas de este tipo de contexto social son más abiertas y dadas a hacer preguntas que confrontan la fe, porque ellos buscan vivir una fe razonada. Las personas que pertenecen a este tipo de sociedad se vuelven un reto para el ministro y es conveniente preguntar de dónde proviene este tipo de personas. Son personas que han tenido contacto con sociedades más avanzadas, otros son del gremio de profesionales, y otros son personas familiarizadas con el mundo tecnológico en el que vivimos. Esta sociedad abierta crea otros tipos de paradigmas religiosos. En tercer lugar, se habla de una sociedad tradicional. Revilla la define como:

> … aquella que mantiene un vínculo mucho más estrecho entre los vivos y los antepasados, que son la autoridad incontestable y suprema. El tiempo mítico borra el tiempo histórico; todo lo que existe procede del primero y debe permanecer por referencia a la

---

[46] Juan Revilla, "Sociedad cerrada", *Diccionario de sociología*, ed. Salvador Giner y otros (Madrid, España: Alianza Editorial, S.A., 2001), p. 696.

[47] Revilla, "Sociedad abierta", p. 696.

carta inicial, sagrada e inviolable, retrotrae a los orígenes y exige sumisión a la tradición.[48]

En el oriente de El Salvador existen muchos miembros de la Iglesia de Dios que son radicales en su forma de vivir el evangelio. Este fenómeno se da por que provienen de una sociedad tradicional. Por lo que, sus paradigmas religiosos son más radicales. Los miembros de este tipo de sociedad, se aferran a los paradigmas pasados donde prefieren vivir un evangelio que va contra la corriente dentro de su contexto. Estos se despojan de su realidad y le dan mayor énfasis a cómo sus antepasados le mostraron el camino de Dios y no basan sus paradigmas religiosos fundamentados en la Biblia.

Las Iglesias de Dios en El Salvador se encuentran con la problemática de que hay personas que se rehúsan a cambiar sus antiguos paradigmas religiosos y crear nuevas estrategias para el avance de la obra de Dios. El problema central de los pastores es que se enfrentan a contextos sociales nuevos sin la preparación ministerial adecuada. La falta de estrategias o recursos para crear una iglesia híbrida impide que los pastores conviertan a los miembros de su congregación en un solo pueblo que ha sido escogido por Dios con un solo propósito. 1 Pedro 2:9 dice: "Mas vosotros sois linaje escogido, real sacerdocio, nación santa, pueblo adquirido por Dios, para que anunciéis las virtudes de aquel que os llamó de las tinieblas a su luz admirable." Por esta razón la preparación en el área teológica por parte del pastor es vital para la formación de la iglesia. En sentido general se entiende por educación teológica "la capacitación del pueblo de Dios para el servicio del Reino."[49] Sólo a través de este proceso de formación el pastor alcanzará unificar a un pueblo híbrido en una comunidad de fe transformada y consciente de un cambio en su forma de pensar con respecto a la importancia de pertenecer a un pueblo totalmente especial.

Un punto muy esencial es que la educación teológica debe desarrollar y cultivar la empatía con las necesidades espirituales,

---

[48] Revilla, "Sociedad tradicional", p. 704.

[49] Samuel Escobar, "Fundamentos y finalidad de la educación teológica en América Latina", *Vox Scripture* 6, no. 1 (1996), p. 1.

personales y emocionales.[50] En este sentido, no se pretende cambiar la sociedad ni su forma de pensar. Sin embargo, sí se puede conducir a las personas a través de la formación teológica a formar paradigmas que concuerden con su realidad. Mostrarles el camino para que alcancen la plenitud en cristo, dejar de ser ortodoxos y buscar nuevos horizontes. Acá es importante insistir en que la realidad de los ministros en el oriente de El salvador debe cambiar. Esto es así, porque "La iglesia debe estar orientada al futuro sin perder su naturaleza de peregrina, si desea ser conductora en una sociedad vacía de esperanza y llena de incertidumbre, en cuanto a saber cómo proceder de aquí en adelante."[51]

Cultural

El desarrollo ministerial de los pastores también se ha visto afectado por la intervención de los paradigmas religiosos provocados por la cultura a la que pertenece la Iglesia de Dios en el oriente de El Salvador. Para comprender de una forma global y ordenada esta intervención es importante conocer que "cultura es un término conveniente con el cual denotamos el complejo de creencias, valores, costumbres y tradiciones que cada generación recibe de la precedente y transmite a la que le sigue, y que liga a los miembros de la sociedad entre sí."[52] También, "la cultura es ese todo complejo que incluye conocimiento, creencia, arte, moral, ley, costumbre y cualquier otras capacidades y hábitos adquiridos por el hombre como miembro de una sociedad."[53] Al verla desde la perspectiva de estas definiciones, la comunidad de la Iglesia de Dios en el oriente de El Salvador mantiene una cultura que preserva sus creencias y costumbres. Por esta razón, difícilmente acceden a los cambios en relación a sus paradigmas religiosos. Las manifestaciones de este paradigma cultural se reflejan en la comunidad de fe.

---

[50] Giesbrecht, "La visión y misión de la educación teológica en el cumplimiento de los propósitos de la iglesia", pp. 19-32

[51] Ramírez, "Trazando el rumbo de la educación en la iglesia de Dios", p. 89.

[52] Walmsley, *El cristianismo contemporáneo,* p. 182.

[53] Stephen Grunlan y Marvin Mayers, *Antropología cultural: Una perspectiva cristiana* (Miami, FL: Editorial vida, 1997), p. 35.

La cultura es un sistema integrado que funciona de una manera sincronizada. Jhon Walmsley sostiene que:

> La Cultura es un todo estructurado y está pautada. No es una suma fortuita de rasgos, sino un sistema (relativamente) integrado. Existe una interrelación entre costumbres, instituciones, valores y creencias. Cuando un aspecto se modifica, esto influye en los demás, en mayor o menor, medida.[54]

Las manifestaciones de la cultura se reflejan en el culto que las iglesias realizan "no cabe duda que el culto ha de reflejar, y normalmente refleja, la cultura que lo celebra."[55] Es importante conocer que el ser humano desde que nace hasta que muere pasa por el proceso de enculturación. Dicho aspecto "es un proceso condicionador inconsciente como uno conscientemente mediante el cual el hombre, como niño y adulto alcanza competencia en su cultura."[56] Los seres humanos en su desarrollo van adquiriendo costumbres innatas de su cultura y por ende estas se van impregnando en su personalidad.

Mientras que la inculturación es "el aprendizaje de la conducta adecuada dentro de la propia cultura, la aculturación es el aprendizaje de la conducta adecuada en una cultura anfitriona."[57] Si la iglesia de Dios en el territorio oriente de El Salvador pretendiera dar un giro a los paradigmas culturales debe comenzar a educar la comunidad sobre el proceso de aculturación. Stephen y Marvin sostienen que "La aculturación efectiva nos permite mantener nuestros principios, y por lo tanto nuestra dignidad, y aun emprender todos los desafíos y oportunidades que la nueva cultura nos presenta."[58]

En el ámbito eclesial se reúne gente con diferentes experiencias religiosas, debido a que provienen de distintas áreas sociales o geográficas. Sin embargo, mientras se respeten sus culturas pueden

---

[54] Walmsley, *Cultura*, pp. 167-9.

[55] González, *Culto, cultura y cultivo*, p. 131.

[56] González, *Culto, cultura y cultivo*, p. 72.

[57] González, *Culto, cultura y cultivo*, p. 81.

[58] González, *Culto, cultura y cultivo*, p. 81.

vivir en paz y disfrutar el proceso de aculturación.[59] En síntesis, la diversidad de culturas dentro de la iglesia local puede influir significativamente en los paradigmas religiosos. Esto da lugar a otras culturas como la educación teológica, las nuevas formas de hacer iglesia y permitir el desarrollo ministerial en los pastores. El evangelio de salvación es un ente que se aculturiza con el propósito de salvar a la humanidad.

Como pastores de la Iglesia de Dios en el oriente de El Salvador probablemente no se cambie la mayoría de costumbres de las personas dentro de la congregación debido al contacto permanente que estas tienen con su entorno. Pero sí, se pueden conducir a un conocimiento de la verdad revelada. Una formación teológica pertinente y de calidad provocará en la Iglesia la necesidad de replantearse los cambios de paradigmas religiosos. No porque desean abandonar o rechazar los principios conservadores de su cultura, sino, porque ven la necesidad de hacer cambios para que la obra de Dios avance en su contexto social.

Académica

Los pastores de la Iglesia de Dios en el oriente de El Salvador en su gran mayoría pertenecen a contextos rurales, de escasos recursos económicos, un contexto social encerrado en sus paradigmas y con una cultura conservadora. De acuerdo al análisis bibliográfico se puede inferir que dichos factores han creado una apatía en cuanto a la educación teológica. Sin embargo, "La educación proporciona un esquema que rompe con los antiguos paradigmas."[60] La gran mayoría de escritores concuerdan que la educación teológica ayuda a combatir las antiguas formas de pensamientos en relación a los pensamientos negativos que existen sobre la importancia de una educación teológica. La cual ayuda en el crecimiento y el dinamismo que la iglesia tiene en la sociedad.

Según Ramírez "Estamos viviendo tiempos de cambio de paradigmas. Estos cambios deben llevarnos a actualizar los paradigmas bíblicos – teológicos y ministeriales de la iglesia de

[59] González, *Culto, cultura y cultivo,* p. 84.

[60] Gladys Mejía, "Impacto de la educación residencial en la formación del ministro cristiano" (Tesis de Licenciatura en Ministerio Cristiano, SEBIPCA, 2005), p. 18.

Dios."[61] Este cambio que los pastores deben realizar es una necesidad a causa de los avances que la sociedad está teniendo. En Oriente de El Salvador algunos pastores de la iglesia de Dios toman en poco este fenómeno de la falta de una formación teológica. Y por no tomar la seriedad que esto requiere caen en el error de cometer faltas graves de interpretación de las Escrituras y como resultado una mala aplicación del texto. Acá es importante recordar las palabras de Laura Saá quien sostiene que:

> La iglesia cuadrangular en América Latina ha seguido la tendencia pentecostal de dejar a un lado la Educación Teológica, reflejando un proceso educativo del pasado, lo cual ha influido en su realidad cultural, teológica y denominacional. Frases como: "El (la) hermano no está en el ministerio, está en el campo de la educación" o "Ahora estoy en el ministerio, ya no soy más educador" o "No necesito prepararme porque el Espíritu Santo me dirige cuando predico", crearon una realidad que se manifestó en un marcado rechazo a la formación académica y teológica, olvidando el principio que dice: donde hay educación hay crecimiento consistente y sostenido.[62]

La falta de una visión clara en el ministerio pastoral conlleva como resultado estancarse en paradigmas que provocan un retroceso. De acuerdo a este comentario, el pastor nunca debe dejar su proceso de formación teológica, el Espíritu Santo empoderá a las personas para cruzar las barreras que como seres humanos no pueden. Pero esto no significa que no necesiten una formación, el Espíritu Santo conduce, guía, pero la preparación teológica ayuda a estudiar el contexto sobre el cual Dios les ha comisionado.

En los pastores de la Iglesia de Dios en el Oriente de El Salvador siempre ha existido esa apatía por la formación Teológica, le dan más énfasis al trabajo de campo, estar más con la gente, predicar, hacer ayunos, oraciones, evangelizar. Sin duda alguna esto es parte del trabajo que le corresponde al ministro. Sin embargo, a pocos les gusta

---

[61] David Ramírez, "Trazando el rumbo de la educación en la iglesia de Dios", en *Educación teológica y misión hacia el siglo XXI,* ed. David Ramírez (Quito, Ecuador: FLEREC, 2002), p. 87.

[62] Laura Saá, "Pautas para una educación teológica con identidad pentecostal", en *Boletín Latinoamericano de escritos pentecostales,* ed. Guillermo Moreno (Quito, Ecuador: Editorial SEMISUD, 2012), p. 80.

estar sentados detrás de un pupitre dejándose formar teológicamente. Es pertinente recalcar las palabras de Laura Saá "donde hay educación hay crecimiento consistente y sostenido."

La organización de la Iglesia Dios a nivel mundial siempre estuvo interesada en brindar una preparación de sus ministros. De acuerdo a un análisis histórico se conoce que la Iglesia de Dios: "En 1912, la asamblea general nombró un comité para escoger el lugar en el cual se edificaría una escuela para preparar ministros. La escuela fue fundada en 1918 y se le reconoció como Escuela bíblica de adiestramiento."[63] La visión de crear estos centros de preparación para los ministros es sin duda uno de los mejores patrimonios que la Iglesia de Dios ha ofrecido a sus ministros. Esta visión surgió ante una necesidad y en este tiempo se vive una crisis existencial en cuanto a la necesidad de un cambio de paradigmas en la educación de los pastores.

Es importante poner en contexto, que la formación de los pastores ofrecida por la organización es muy beneficiosa. Sin embargo, el conocimiento de la accesibilidad debe ser un tema muy esencial en la Iglesia de Dios en el oriente de El Salvador. Esto es importante, para que todos los ministros puedan tener oportunidad en los programas educativos que el centro de preparación ofrece. De esta manera se podrá contrarrestar los antiguos paradigmas educativos y se creará una mejor educación para los nuevos ministros que desean servir a una generación exigente. El camino más amigable para intentar romper con todos los paradigmas es la formación teológica de los pastores brindada por la Iglesia de Dios en El Salvador. La educación teológica tuvo y tiene el mandato de formar líderes y pastores para las iglesias, por otro lado, la teología se ha convertido en una ciencia académica.[64]

[63] Esdras Betancourt, "Trazando el rumbo de la educación en la iglesia de Dios", en *Educación teológica y misión hacia el siglo XXI,* ed. David Ramírez (Quito, Ecuador: FLEREC, 2002), p. 61.

[64] Heinz Giesbrecht, "La visión y misión de la educación teológica en el cumplimiento de los propósitos de la iglesia", *Revista científica: Espacio teológico* 4, no. 1 (noviembre 2019), p. 20.

Litúrgica

En referencia a los paradigmas religiosos históricamente dentro de la congregación, estos se han creado a través de contactos con otras culturas o diferentes movimientos religiosos. Dentro de la gran variedad de liturgias que se practican en la Iglesia de Dios en el Territorio Oriente existen algunos paradigmas litúrgicos tales como: la organización de los servicios, La forma de adoración, tipos de alabanzas, estilos de predicación (estilo pentecostal), el tiempo de duración de un servicio, etc. Estos son mitos o estigmatizaciones religiosas, las cuales tienen su origen asociado a una línea conservadora, originada en un paradigma distorsionado de la santidad. Pedro Fernández sostiene que "La carencia de una reflexión teológica correcta sobre la liturgia explica el rubricismo hierático o la creatividad salvaje en unos, en otros provoca el menosprecio del culto litúrgico, en contra del genuino estilo de la vida cristiana."[65]

Los paradigmas religiosos han causado un retroceso o estancamiento de la iglesia de Dios en el territorio oriente de El Salvador. Es importante, dialogar con algunos autores con el propósito de establecer un nuevo cambio de paradigma en la liturgia eclesial. De acuerdo a Carlinhos Veiga sostiene que:

> Fuimos llamados por Dios para crear. Esto se halla expresado en el mandato cultural. Dios nos da un jardín para cultivar y guardar de manera creativa. Con la caída, ese llamado permanece y vemos, en varios momentos de la Biblia, a Dios capacitando al hombre para un servicio creativo.[66]

La comunidad cristiana debe ser dinámica en el sentido de presentar la obra misionera de Dios, por ser el único agente representante del Reino de Dios en la tierra. La creatividad al presentar el evangelio se convierte en un arte especial. Veiga sostiene que "Nuestro arte debe apuntar hacia Dios y eso exige de nosotros

---

[65] Pedro Fernández, *Introducción a la liturgia: Conocer y celebrar* (Madrid, España: Editoriales San Esteban, 2005), p. 15.

[66] Carlinhos Veiga, "Creatividad artística en la liturgia como 'identidad' y 'libertad' cristianas: Contra el consumismo y el monopolio litúrgico", en *Arte, Liturgia y Teología,* ed. Juan Barreda y Edesio Sánchez (Bogotá, Colombia: Ediciones Puma, 2013), p. 19.

una postura de constante búsqueda creativa. Lo que no podemos dejar que suceda es permitir que la creatividad sea sacrificada por un sistema que piensa por nosotros y actúa por nosotros."[67] Dios es un ser creativo e innovador. Por consecuencia, su pueblo está en la responsabilidad de presentar el evangelio de una forma renovada, adaptada a la realidad del contexto. El culto debe ser lo más entendible posible para los que no conocen de Dios.

¿Por qué razón se plantea el pensamiento de que los cultos deben ser más entendibles? Simple y sencillamente, porque el contexto de la mayoría de las iglesias de Dios en el Oriente de El Salvador planifica sus cultos demasiado extensos y la liturgia que se usa por lo general, en especial los domingos, es una liturgia cargada de lo mismo. Las personas cuando visitan un templo esperan encontrar algo nuevo que llene sus vidas. No se diga los tipos de sermones que se predican muchas veces, en lugar de llevar a las personas a un acercamiento con Dios, se les confunde en cierto sentido. En este aspecto de los sermones siempre hay que recordar que la predicación o exposición de la palabra debe ser divina-humana, porque la revelación viene de Dios a hombres, para hombres. Y en medio de ese auditorio hay personas con diferentes necesidades. Por lo que la Palabra de Dios debe ser expuesta con claridad y precisión.

A causa de persistir en los paradigmas pasados, la iglesia está llegando al extremo de idolatrar algunas prácticas litúrgicas que ocasionan graves consecuencias y pierden el verdadero sentido del culto que realizan. En todo caso "Toda actividad litúrgica que le robe la gloria a Dios es, sin duda, una práctica idolátrica. Cuando nuestros cultos no son otra cosa que el reflejo del *statu quo*, la ideología del poder hegemónico, tal práctica es idolatría."[68] A este extremo se le podría llamar fanatismo. En ningún sentido se está promocionando el liberalismo religioso. Sin embargo, contextualizar la liturgia o adaptarla es una forma creativa de presentar el evangelio con aquellos que no lo conocen.

---

[67] Veiga, "Creatividad artística en la liturgia como 'identidad' y 'Libertad' cristianas", pp. 20-1.

[68] Edesio Sánchez, "El culto: Reflejo del Dios adorado y del pueblo que adora", en *Arte, Liturgia y Teología*, ed. Juan Barreda y Edesio Sánchez (Bogotá, Colombia: Ediciones Puma, 2013), pp. 164-5.

En efecto, al conocer la definición del término 'fanatismo' se abrirá una ventana diferente en la perspectiva de ver los paradigmas litúrgicos y la importancia que se le debe dar. Casiano Floristan argumenta que "El fanatismo germina básicamente en los ámbitos de lo religioso y de lo político, ya que la creencia religiosa y la actitud política se encarna en lo más profundo y radical de la persona humana."[69] Mientras que, Wilson Girón define que "El fanatismo puede referirse a las personas obsesionadas por una idea, ya sea que esta parezca a otros buena o mala."[70] La iglesia no debería incurrir en aferrarse a una idea que provocará un retroceso en el cumplimiento de la misión. Las liturgias pueden ser modificadas enfocándose a la necesidad que está surgiendo en cada contexto. De acuerdo al origen del término "Fanatismo procede de *fanum,* que significa lugar sagrado. *Fanaticus* era en la antigüedad clásica la persona encargada del templo y que, poseída por el furor divino, sacralizaba de modo intransigente aspectos concretos de la existencia."[71]

El fanatismo puede llevar a la comunidad cristiana a no razonar ni fundamentar teológicamente su forma de ofrecer culto a Dios y caer en una idolatría. "El fanático se cree en posesión de la verdad, con una tendencia exagerada a la simplicidad. Tiene prejuicios, es a veces ignorante y no razona."[72] Pero la liturgia es la ventana de oportunidades que la iglesia tiene para presentar el evangelio de una forma dinámica y contextualizada a la época sin ser extremistas. Otro de los aspectos importantes para abordar la necesidad de un cambio de paradigma litúrgico es conocer que las iglesias de Dios en Oriente están dirigidas por dos tipos de pastores. El primero, El pastor contemporáneo "es aquel individuo que está atento a los cambios, a los nuevos paradigmas que surgen dentro del mundo eclesiástico."[73]

---

[69] Casiano Floristan, *La iglesia: Comunidad de creyentes* (Salamanca, España: Ediciones Sígueme, S.A., 1999), p. 577.

[70] Wilson Girón, "Los estereotipos religiosos y la vida en el Espíritu" (Tesis de Licenciatura en Ministerio Cristiano, SEBIPCA, 2006), p. 16.

[71] Floristan, *La iglesia,* p. 577.

[72] Floristan, *La iglesia,* p. 577.

[73] Franklin Guerrero, "Incidencia de la educación del pastor urbano para alcanzar el desarrollo integral de la iglesia" (Tesis de Licenciatura en Ministerio Cristiano, SEBIPCA, 2005), p. 8.

Mientras que, en el otro extremo se encuentra el pastor tradicional. Este es una persona llamada por Dios, pero mantiene paradigmas antiguos y cree que son los mejores - "un pastor tradicional es una persona que se opone a los nuevos cambios de la iglesia... se acomoda a formas, conceptos, métodos, estrategias y criterios más conservadores creyendo que son las únicas formas de cumplir la misión de Dios."[74]

En relación a lo antes mencionado sobre los dos tipos de pastores, la diferencia que se puede interpretar en ambos perfiles es probablemente su preparación teológica. Esta interpretación se da en relación al análisis que se ha discutido en los capítulos anteriores sobre la importancia de la educación teológica. La cual prepara al pastor para enfrentar los diferentes contextos que este vive. Sebastián Rodríguez menciona que "la liturgia debe ser la liturgia de la comunidad de la iglesia en armonía y comunión con la universalidad del cuerpo de Cristo. Y, en este sentido será precisa una constante renovación litúrgica, para intentar responder cada vez mejor al propósito Divino."[75]

Con el propósito de sintetizar esta discusión sobre los paradigmas litúrgicos y de acuerdo a la postura de los académicos, una renovación constante en esta área ayuda a contextualizar la iglesia a la época que está viviendo. Parte de la renovación de la liturgia es un mandato divino. Además, ayudará a darle un nuevo aire o una nueva perspectiva de iglesia de Dios a la comunidad que le rodea. Que no tengan la estigmatización que simplemente es un grupo de personas creyentes de un Dios invisible, sino que a través de la Iglesia de Dios se refleje la persona de ese Dios que ellos no ven. Rodríguez afirma que:

> Como cristianos del siglo XXI no podemos vivir anclados en
> tradiciones pasadas, pero tampoco debemos innovar o sustituir este
> pasado, sin más; más bien hemos de buscar y crear en la iglesia el
> "clímax" que permita que el culto del pueblo cristiano sea realmente
> el que Dios pide, fiel al evangelio y a la sana tradición, dentro del

---

[74] Guerrero, "Incidencia de la educación del pastor urbano para alcanzar el desarrollo integral de la iglesia", p. 13.

[75] Sebastián Rodríguez, *Liturgia para el siglo XXI: Antología de la liturgia cristiana* (Barcelona, España: Editorial CLIE, 1999), p. 101.

marco del lenguaje que nuestro tiempo nos impone para la comprensión contemporánea del actuar eterno de Dios, conforme Él nos lo ha revelado, mediante su palabra, en medio del tiempo y la historia.[76]

Los paradigmas litúrgicos practicados en la iglesia local son una forma de transmitir el evangelio de Dios a las personas no alcanzadas. Esto implica que el efecto de dichos paradigmas interviene directamente en el efecto que como iglesia se tiene en la sociedad. El mayor énfasis es darle gloria a Dios en cada culto que se ofrece, pero con un lenguaje que la sociedad contemporánea entienda.

La iglesia de Dios en el Oriente de El Salvador hacia una renovación

En esta era de la globalización, los medios de comunicación y, sobre todo, las tecnologías de la información han sido decisivos en las transformaciones culturales y las han hecho más intensas, por no decir vertiginosas. Los pastores de la Iglesia de Dios en esa región están viviendo nuevos tiempos donde la actividad del Espíritu Santo se ha vuelto más dinámica de acuerdo a las exigencias que el contexto está demandando. Mateo 28:19 dice "Por tanto, id, y haced discípulos a todas las naciones, bautizándolos en el nombre del Padre, y del Hijo, y del Espíritu Santo." Este es un mandato universal de la iglesia. Sin embargo, los pastores del oriente de El Salvador deben recordar que su misión no sólo es recordarles a las personas sobre el cielo o el infierno, sino, formarlos, y crear discípulos con el propósito de dejar una herencia a las nuevas generaciones.

Los pastores son los líderes que Dios ha puesto al frente de la congregación. Por tanto, parte de su labor ministerial es tener la responsabilidad de prepararse teológicamente con el fin de formar líderes dentro de su congregación. "La educación teológica debe ser abierta a su entorno académico, social y cultural, estar presente en las redes sociales y en el mundo digital y ser sensible hacia las preguntas que conmueven a la sociedad contemporánea."[77] Los pastores de la

---

[76] Rodríguez, *Liturgia para el siglo XXI*, p. 102.

[77] Giesbrecht, "La visión y la misión de la educación teológica en el cumplimiento de los propósitos de la iglesia", p. 29.

iglesia de Dios en El Salvador deberían ser promotores de la preparación teológica y reflejarla en la comunidad a la cual ellos pastorean.

Algunos pastores encierran la educación teológica en sus templos, sin tomar en cuenta el entorno en el cual están viviendo. El fenómeno de los paradigmas religiosos en este contexto priva al ministro de un desarrollo en su formación teológica. Sin embargo, a lo largo de este artículo hemos discutido dos puntos centrales: La importancia de la educación teológica y la necesidad de un cambio de paradigma. En esta dirección, para dar una posible salida que señale el camino para un cambio de paradigmas en las congregaciones del territorio Oriente nos planteamos algunas propuestas que servirán de guía para comenzar a implementar un cambio generacional.

En primer lugar, para cambiar los paradigmas que afectan a la formación teológica del pastor, él debe reconocer que necesita una formación teológica que actualice su ministerio. "Los pastores necesitan reconocer que el aprendizaje en la iglesia no está limitado a los estudios formales de grupo. Es más, el aprendizaje perdura cuando viene de la participación de los creyentes en toda la vida de la iglesia."[78] El resultado de la formación del pastor se verá reflejado en la vida práctica de la iglesia. De esa manera se le abrirán los espacios necesarios para pensar en nuevos paradigmas aplicables a la realidad del Oriente de El Salvador.

En segundo lugar, va en dirección de un cambio de paradigma en relación con la educación teológica. Si realmente los pastores de Oriente desean ver sus iglesias formadas saludablemente, deberían comenzar por ellos mismos. Algunos aún tienen pensamientos poco ortodoxos, tales como "La gente no quiere nada de Dios, mucho menos van a querer formarse teológicamente." Sobre este tema, Carlos Canizález plantea un ejemplo sobre la vida de Jesús como maestro y guía: "Jesús llamó a un puñado de pescadores galileos para convertirlos en líderes, y el discipulado fue la ruta que siguió para lograr ese fin."[79] Esta misma ruta deberían seguir los pastores, es

---

[78] Bruce Powers, ed., *Manual de educación cristiana* (El Paso, TX: Editorial mundo hispano, 2006), p. 366.

[79] Carlos Canizález, *La pedagogía de Jesús: Un análisis crítico-narrativo de la pedagogía de Jesús en el evangelio de Marcos* (Lima, Perú: Ediciones Puma, 2019), p. 35.

decir, formarse primeramente para poder educar a su iglesia y, luego, derribar esa barrera de paradigmas en contra de la formación teológica.

En tercer lugar, va en relación a la dirección de la educación de la iglesia de Dios en Oriente de El Salvador. Se necesita una nivelación ministerial que permita a los pastores poder realizar una actualización teológica contextual. Que dentro de esa currículum se incluya cómo ser un ministro influyente en el nuevo siglo XXI y cómo ministrar en medio de una generación emergente que exige una interpretación y aplicación teológica con buen fundamento.

En cuarto lugar, va en relación a la nueva selección de pastores que sienten el llamado a servir en la obra del Señor. Si como territorio se desea ver un cambio en el gremio pastoral, se debe comenzar a establecer las bases para que aproximadamente en una o dos décadas se vean los resultados en relación a tener una iglesia más contextualizada y formada teológicamente. Ya no deben seguir siendo parte de esa larga lista de iglesias que están dirigidas por pastores que se rehúsan a aceptar los cambios de paradigmas. Según una investigación realizada por Mario Fumero a las iglesias evangélicas, este llegó a la siguiente conclusión:

> Durante el siglo pasado, el número de cristianos evangélicos creció de forma explosiva en todo el mundo. Se estima que el 75% de ellos viven en África, Asia o América del Sur y, aunque es imposible saberlo a ciencia cierta, se calcula que hay cerca de 2,2 millones de iglesias evangélicas en todo el mundo. Sin embargo, el 85% de ellas están dirigidas por pastores con poca o ninguna formación teológica.[80]

Este es un dato alarmante. Por esta razón, como ministros debe haber una preocupación en relación a esta problemática, más aún por las autoridades de la iglesia de Dios en el territorio Oriente de El Salvador. Qué la problemática no sólo sorprenda, sino que ayude a despertar para que el territorio pueda comenzar a tomar otro rumbo. "El evangelio nos provee la libertad para actuar creativamente dentro

---

[80] "Según un estudio el 85% de las iglesias evangélicas están dirigidas por pastores sin preparación teológica", Unidos contra la apostasía, Mario Fumero, última actualización noviembre 23 del 2015, *https://n9.cl/a07a*.

de estos cambios para testificar acerca de Jesús."[81] Los cambios no deben privar o atemorizar a los ministros, sino usar la libertad del evangelio que Jesús da para ser creativos en tiempos difíciles.

En síntesis, si los tiempos van evolucionando, la Iglesia de Dios también debe ir creando nuevos paradigmas. Esta debe ofrecer más oportunidades de desarrollo para los ministros. Por ejemplo, Schäfer, dice que "Al ser liberados por el evangelio se nos permite ver al Espíritu Santo actuando y creando nuevas alternativas más allá de los límites de nuestras propias iglesias y aún más allá de los límites de la iglesia cristiana como tal."[82] También, es necesario recordar que es importante no ser elitista o tradicionalista, eso también es un externo negativo. Es mejor reconocer la necesidad de transformación, especialmente entre los pastores, ya que ellos llevarán a la iglesia de nuestro Señor Jesucristo a arraigarse y fundamentarse en su Palabra[83] y a crecer integralmente en la comunidad de fe.

Conclusión

A lo largo de este artículo se ha hablado acerca de la importancia de la formación teológica en los pastores, basado en la problemática sobre la influencia de los paradigmas religiosos en la formación ministerial de los pastores de la iglesia de Dios en el Oriente de El Salvador. Como resultado de la presente investigación se ha concluido que la permanencia de los paradigmas religiosos del pasado no influye positivamente en la formación ministerial de los pastores. Esto debido a que la evolución de la sociedad y la iglesia demanda a los pastores una adaptación a dicha problemática. Por esta razón, la renovación de los paradigmas espirituales en los pastores es necesaria para contribuir a un desarrollo de la Iglesia de Dios en el contexto del oriente de El Salvador. La médula central para que la implementación de dichos paradigmas religiosos comience a suceder es a través de la formación teológica.

---

[81] Heinrich Shcfer, "Espíritu, poder, testimonio", *Revista teológica de la universidad bíblica Latinoamericana: Vida y pensamiento* 20. No. 2 (2000), p. 94.

[82] Schäfer, "Espíritu, poder, testimonio", p. 94.

[83] Ashish Chrispal, "Restaurando la visión misional en la educación teológica: la necesidad de una formación pastoral transformadora en el mundo mayoritario", *Movimiento de Lausana* 8. No. 5 (2019), p. 8.

La formación teológica en los ministros ofrece una amplia capacidad de razonamiento sobre las problemáticas y necesidades que suceden en sus contextos. Realizar una teología contextualizada evita seguir utilizando prácticas religiosas que ya no son bien vistas por las nuevas generaciones. Además, permite realizar una adecuada hermenéutica de los textos bíblicos y poder aplicarlos en la actualidad sin sacarlos de contexto. Por esta razón es indispensable que quienes están al frente de una congregación o los nuevos ministros tengan una educación teológica formal.

A través del desarrollo de la investigación se concluye que "La prolongación de los paradigmas religiosos del pasado obstaculizan el desarrollo ministerial de los pastores de Iglesia de Dios en el territorio oriente de El Salvador." El descubrimiento sobre la comprobación de la tesis expuesta se da en relación a las interpretaciones de varios autores que concuerdan que, si no toma en cuenta la formación teológica en los pastores, su ministerio se vuelve ortodoxo y no presenta ningún avance en el contexto en que se desarrollan. Tomando en cuenta que existen diferentes aspectos que han contribuido a que algunos paradigmas religiosos del pasado se mantengan provoca que las congregaciones se queden sin la posibilidad de experimentar cambios y nuevas experiencias en la práctica de la fe por parte de la comunidad de fe.

Las áreas social, cultural, académica y litúrgica, son aspectos que contribuyeron a lo largo de este análisis para poder obtener una respuesta sobre el planteamiento de la tesis de investigación. En síntesis, se puede afirmar que realmente los paradigmas religiosos si obstaculizan el desarrollo ministerial del pastor. Mientras el pastor no sale de su paradigma religioso, se queda encerrado en un pasado estéril.

A nivel general existe una gran variedad de contextos en cual se ha hechos muchos aportes sobre la educación teológica. Dentro de los cuales han presentado una incontable cantidad de proposiciones con el objetivo de dar solución a dicha problemática. Sin embargo, el presente artículo se desarrolló sobre un contexto poco explorado. Por lo que este estudio aporta sus conclusiones específicamente al territorio oriente de El Salvador, con una información valiosa que comience a explorar o evaluar las condiciones de la educación teológica en los pastores de dicho territorio. Además, la presente investigación ha planteado la necesidad de un cambio de paradigmas religiosos dentro de dicho contexto. Esta problemática se da debido al retroceso que provoca mantener dichos paradigmas religiosos sin estar contextualizados con la evolución de la sociedad y la iglesia.

La presente investigación ha sentado un precedente fundamental para el territorio oriente de El Salvador. Por lo que se fundamenta en la necesidad que los pastores del oriente necesitan urgentemente de una educación formal sobre teología y ministerio. A partir de estos antecedentes obtenidos en la investigación documental se deja abierta la posibilidad a que las autoridades de la iglesia se interesen por dicha problemática. Que realicen una investigación de campo que les permita obtener más resultados que fortalezcan la educación en el territorio. Parte de la relevancia de la presente investigación es poner en contexto algunas áreas que se deben evaluar para que los cambios de paradigmas vayan abriendo nuevas oportunidades para las nuevas generaciones.

En este sentido y de forma imperativa se anima a los lectores a revisar los antecedentes de la educación teológica en el territorio Oriente de El Salvador. Además, analizar el perfil de una muestra significativa de pastores que están a cargo de las congregaciones de la iglesia de Dios en dicho territorio. También se motiva a los futuros investigadores a explorar los tipos de liturgia que se desarrollan en dicho territorio. Por último, evaluar la identidad pentecostal de la iglesia de Dios en cada contexto. De esta forma se abrirá una ventana diferente con respecto a la necesidad de actualizar los paradigmas religiosos o crear nuevos paradigmas religiosos que ayuden al pastor y la Iglesia de Dios a mantenerse vigentes de acuerdo a la necesidad que les rodea. Romanos 12:2 dice "Y no os adaptéis a este mundo, sino transformaos mediante la renovación de vuestra mente, para que verifiquéis cuál es la voluntad de Dios: lo que es bueno, aceptable y perfecta."

CONTRIBUYENTES A ESTE VOLUMEN

Francisco Noyola (MA Universidad Teológica del Caribe), pastor de la Iglesia de Dios en Celaya, Guanajuato, México. Estudiante doctoral en SEBIPCA.

Celso Miguel Antonio Carrillo (MA Lee University/SEBIPCA), profesor en el Seminario Bíblico Pentecostal Centroamericano. Estudiante doctoral en SEBIPCA.

William A. Soto, (MTh, International Theological University), pastor de la Iglesia de Dios en Vineland, Nueva Jersey, Estados Unidos. Estudiante doctoral en SEBIPCA.

David Dale Bundy, (PhD, Universidad de Uppsala, Suecia), director del Centro Wesleyano de Investigación de Manchester, Reino Unido.

Daniel Muñoz (DMin Pentecostal Theological Seminary), pastor de la Iglesia de Dios E.C. Cordero de Amor en El Corregimiento Las Mañitas de Panamá.

Salvador Salazár (Lic. en Teología Pastoral SEBIPCA), pastor de la Iglesia de Dios en Intipucá, La Unión, El Salvador. Estudiante de maestría en Lee University/SEBIPCA).

Made in the USA
Columbia, SC
22 June 2023